AF495037

L'ÉCOLE DES VIEILLARDS,

COMÉDIE EN CINQ ACTES

ET EN VERS;

PAR M. CASIMIR DELAVIGNE.

REPRÉSENTÉE, LE 6 DÉCEMBRE 1823, PAR LES COMÉDIENS ORDINAIRES DU ROI.

SECONDE ÉDITION.

A PARIS,

CHEZ LES ÉDITEURS:

J.-N BABBA, LIBRAIRE, PALAIS-ROYAL,

GALERIE DERRIÈRE LE THÉATRE-FRANÇAIS, N° 51 ;

LADVOCAT, LIBRAIRE-ÉDITEUR,

GALERIE DE BOIS, N°. 195.

MDCCCXXIII.

A

Son Altesse Sérénissime Monseigneur

Le Duc d'Orléans,

Premier Prince du Sang,

Comme un Hommage de Respect et de Reconnaissance.

Casimir Delavigne.

Ce 15 décembre 1823.

L'ÉCOLE

DES VIEILLARDS.

PERSONNAGES. ACTEURS.

PERSONNAGES.	ACTEURS.
DANVILLE, ancien armateur............	M. TALMA.
BONNARD, son ami.....................	M. DEVIGNY.
LE DUC D'ELMAR.......................	M. ARMAND.
VALENTIN, domestique de Danville....	M. MONROSE.
Madame DANVILLE......................	Mlle MARS.
Madame SINCLAIR......................	Mme TOUZÈS.
Un Laquais...........................	M. LEMELLE.

(La scène se passe à Paris.)

L'ÉCOLE

DES VIEILLARDS,

COMÉDIE.

ACTE PREMIER.

SCÈNE PREMIÈRE.

DANVILLE, BONNARD.

BONNARD.

Que j'éprouve de joie, et que cette embrassade
A réchauffé le cœur de ton vieux camarade !

DANVILLE.

Débarqué d'hier soir, j'arrive et je t'écris.

BONNARD.

Cher Danville !

DANVILLE.

Je viens me fixer à Paris.

BONNARD.

Je ne puis concevoir de raisons assez bonnes....
Bah! tu veux plaisanter?

DANVILLE.

Non, Bonnard.

BONNARD.

Tu m'étonnes.

Toi, grand propriétaire, autrefois armateur,
Du Hàvre, où tu naquis, constant adorateur,
Tu cesses de l'aimer?...

DANVILLE.

Qui, moi? charmante ville!
Elle fut mon berceau; doux climat, sol fertile;
D'aimables habitans... un site! ah! quel tableau!
Après Constantinople il n'est rien d'aussi beau.

BONNARD.

Pourquoi t'en éloigner?

DANVILLE.

C'est que... je vais te dire....
Mais promets-moi d'abord que tu ne vas pas rire.

BONNARD.

Eh! dis toujours.

DANVILLE.

Je suis...

BONNARD.

Quoi?

DANVILLE.

Je suis marié.

BONNARD.

Rien qu'à ton embarras je l'aurais parié.
Pour la seconde fois !

DANVILLE.

J'étais las du veuvage.

BONNARD.

A soixante ans et plus !

DANVILLE.

Ma foi, c'est un bel âge.

BONNARD.

Sans m'avoir averti !

DANVILLE.

Bon ! mon billet de part,
Aurait trop exercé ton esprit goguenard.

BONNARD.

Ta femme a quarante ans ?

DANVILLE.

Pas encore !

BONNARD.

Au moins trente ?

DANVILLE.

Pas tout-à-fait.

BONNARD.

Combien ?

DANVILLE.

Bonnard, elle est charmante !
C'est une grace unique, un cœur, un enjoûment !...
Je me sens rajeunir d'y penser seulement.
Son père, resté veuf, chercha fortune aux îles.
Hortense, loin de lui, coulait des jours tranquilles,
Auprès de son aïeule, une dame Sinclair,
Bonne femme, un peu vive, et femme du bel air,
Qui sait rire, et qui garde, en sa verte vieillesse,
Pour les plaisirs du monde un grand fond de tendresse ;
Des succès de sa fille amoureuse à l'excès,
Si l'on peut trop chérir de si justes succès.
Hortense est un modèle ; oui, Bonnard, je l'adore.
Je la voyais souvent ; je la vis plus encore ;
Je la vis tous les jours : bref, je parlai d'hymen :

Je craignais de subir un fâcheux examen.
Malgré mes cheveux blancs, dans sa reconnaissance,
Dans son respect pour moi son amour prit naissance,
Et je vis s'embellir mon arrière-saison
Des charmes du bel âge unis à la raison.
Notre hymen fut conclu. Sa respectable aïeule
Eut toujours par nature horreur de vivre seule :
Ma maison fut la sienne, et par elle j'appris
Qu'en secret leur chimère était de voir Paris ;
Bien plus, qu'à leur santé l'air du Hâvre est contraire...
Je les force à partir. Loin d'Hortense une affaire
M'a retenu deux mois, à mon grand désespoir,
Et c'est à peine hier si j'ai pu l'entrevoir ;
Elle avait pour la cour un billet de spectacle :
Moi, mettre à ses plaisirs le plus léger obstacle !
Bien qu'elle y consentit, c'était un coup mortel ;
Et j'ai pour me distraire, admiré mon hôtel.

BONNARD.

Celui du duc d'Elmar.

DANVILLE.

C'est mon propriétaire.

BONNARD.

Voici, depuis un mois, son oncle au ministère ;

Doyen des receveurs dans son département,

Je perçois les deniers d'un arrondissement.

Le duc est très-puissant; c'est un homme à la mode.

DANVILLE.

Vraiment?... dans son hôtel, plus grand qu'il n'est commode,

Il occupe au premier un superbe local;

Mais pour un philosophe un second n'est pas mal.

BONNARD.

C'est un palais, mon cher; peste! quelle richesse!

En entrant j'ai manqué de te traiter d'altesse...

Ah ça! comment ton fils a-t-il pris ton départ?

DANVILLE.

Mon fils, depuis l'hiver, a son ménage à part :

Ma femme est de trois ans plus jeune que la sienne;

Comment les accorder? Pour qu'une maison tienne,

Il faut de l'unité dans le gouvernement;

Toutes deux gouvernaient contradictoirement.

Hortense aime beaucoup ... j'aime beaucoup le monde :

Mon fils ne se complaît qu'en une paix profonde.

Il a quitté la place et vit comme un reclus.

Je le chéris toujours.

BONNARD.

Mais tu ne le vois plus.

Tes conseils le guidaient dans l'état qu'il exerce.

Tu livres sa fortune aux chances du commerce;

Tu t'éloignes de lui; c'est un grand tort, et tien :

Je connais en province un fils comme le tien,

Qu'un père comme toi vient de laisser sans guide.

Le fils a mal compté : voilà sa caisse vide ;

Le mois touche à sa fin ; dans ce besoin urgent,

Pour le tirer d'affaire il faut beaucoup d'argent.

Il aurait dû lever cet impôt sur son père :

Mais comme ils sont brouillés, c'est en moi qu'il espère ;

Il faut vingt mille francs : peux-tu me les prêter?

DANVILLE.

C'est ma femme, monsieur, qui va vous les compter :
Elle est mon trésorier.

BONNARD.

C'est superbe ! et d'avance
Je lui veux de ma place offrir la survivance.
Ta femme!... Ah! mon ami que tes goûts ont changé!
Que je t'ai vu plus sage à mon dernier congé !
Tu t'occupais alors de tes travaux champêtres,
A l'ombre des pommiers plantés par tes ancêtres,
Debout avant le jour, doucement tourmenté
Du démon vigilant de la propriété.

Tu pâlissais de crainte au bruit d'une visite;
A tirer des perdreaux tu bornais ton mérite,
Ta joie à faire en paix bonne chère et grand feu,
Et ton piquet du soir, quand j'avais mauvais jeu.
Te voilà citadin! le luxe t'environne;
Un gros suisse est là bas qui défend ta personne:
Et tout cela, pourquoi? ta femme l'a voulu.

DANVILLE.

Hortense! elle me laisse un pouvoir absolu;
Mais elle y voit très-clair; quand on a ma fortune,
Une capacité qu'elle croit peu commune,
Sans prétendre à Paris au rang d'un potentat,
Dans un poste honorable on peut servir l'état.
L'espoir qu'elle a conçu me semble légitime,
Et je lui sais bon gré d'une si haute estime.
Toi-même, qu'en dis-tu?

BONNARD.

Rien.

DANVILLE.

Parle franchement.

BONNARD.

Sur une chose à faire on dit son sentiment·

C'est d'abord mon système, et, quand la chose est faite,

J'ai pour système aussi de la trouver parfaite.

Mais tiens, Paris abonde en amis obligeans,

Qui se font un doux soin de marier les gens.

Ils m'avaient découvert une honnête personne,

Savante comme un livre, aimable, toute bonne;

Au cousin d'un ministre elle tenait de près;

Ces chers amis pour moi l'avaient fait faire exprès,

Eh bien! j'ai refusé.

DANVILLE.

D'où vient?

BONNARD.

Elle est jolie,

Elle est jeune.

DANVILLE.

Tant mieux. Depuis quand, je te prie,

La jeunesse à tes yeux paraît-elle un défaut?

BONNARD.

Depuis que j'ai vieilli. Dans ma femme il me faut,

Pour que le mariage entre nous soit sortable,

Une maturité tout-à-fait respectable.

Or, une vieille femme a pour moi peu d'appas;

Une jeune, à son tour, peut ne m'en trouver pas.

Pour agir prudemment dans cette conjoncture,
J'ai fait du célibat ma seconde nature;
J'y tiens, j'y prends racine, et je suis convaincu
Que je mourrai garçon, ainsi que j'ai vécu.

DANVILLE.

L'hymen a des douceurs que ta vieillesse ignore.

BONNARD.

Il a tel déplaisir qu'elle craint plus encore.
Je ne suis pas de ceux qui font leur volupté
Des embarras charmans de la paternité,
Pauvres dans l'opulence, et dont la vertu brille
A se gêner quinze ans pour doter leur famille;
De ceux qu'on voit pâlir, dès qu'un jeune éventé
Lorgne en courant leur femme assise à leur côté,
Et, geoliers maladroits de quelque Agnès nouvelle,
Sans fruit en soins jaloux se creuser la cervelle.
Jamais le bon plaisir de madame Bonnard,
Pour danser jusqu'au jour, ne me fait coucher tard,
Ne gonfle mon budjet par des frais de toilette;
Et jamais ma dépense, excédant ma recette,
Ne me force à bâtir un espoir mal fondé
Sur le terrain mouvant du tiers consolidé.
Aussi, sans trouble aucun, couché près de ma caisse,

Je m'éveille à la hausse ou m'endors à la baisse.
A deux heures je dîne : on en digère mieux.
Je fais quatre repas comme nos bons aïeux,
Et n'attends pas à jeun, quand la faim me talonne,
Que ma fille soit prête, ou que ma femme ordonne.
Dans mon gouvernement despotisme complet :
Je rentre quand je veux, je sors quand il me plaît ;
Je dispose de moi, je m'appartiens, je m'aime,
Et sans rivalité je jouis de moi-même.
Célibat ! célibat ! le lien conjugal
A ton indépendance offre-t-il rien d'égal ?
Je me tiens trop heureux, et j'estime qu'en somme
Il n'est pas de bourgeois, récemment gentilhomme,
De général vainqueur, de poète applaudi,
De gros capitaliste à la Bourse arrondi,
Plus libre, plus content, plus heureux sur la terre,
Pas même d'empereur, s'il n'est célibataire.

DANVILLE.

Et je te soutiens, moi, que le sort le plus doux,
L'état le plus divin, c'est celui d'un époux
Qui, long-tems enterré dans un triste veuvage,
Rentre au lien chéri dont tu fuis l'esclavage.
Il aime, il ressuscite, il sort de son tombeau :

Ma femme a de mes jours rallumé le flambeau.

Non, je ne vivais plus : le cœur froid, l'humeur triste,

Je végétais, mon cher, et maintenant j'existe.

Que de soins ! quels égards ! quels charmans entretiens !

Des défauts, elle en a ; mais n'as-tu pas les tiens ?

Tu crains pour mes amis les travers de son âge ?

J'ai deux fois plus d'amis qu'avant mon mariage.

Ma caisse dans ses mains fait jaser les railleurs !

Je brave leurs discours ; je suis riche, et d'ailleurs

Une bonne action que j'apprends en cachette

Compense bien pour moi les rubans qu'elle achète.

Hortense a l'humeur vive ; et moi ne l'ai-je pas ?

Nous nous fàchons parfois ; mais qu'elle fasse un pas,

Contre tout mon courroux sa grace est la plus forte.

Je n'ai pas de chagrin que sa gaîté n'emporte.

Suis-je seul ? elle accourt ; suis-je un peu las ? sa main,

M'offrant un doux appui, m'abrège le chemin.

J'ai quelqu'un qui me plaint quand je maudis ma goutte ;

Quand je veux raconter, j'ai quelqu'un qui m'écoute.

Je suis tout glorieux de ses jeunes attraits ;

Ses regards sont si vifs ! son visage est si frais !...

Quand cet astre à mes yeux luit dans la matinée,

Il rend mon front serein pour toute la journée ;

Je ne me souviens plus des outrages du tems :

J'aime, je suis aimé, je renais, j'ai vingt ans.

BONNARD.

Quel feu !

DANVILLE.

Je veux fêter le jour qui nous rassemble ;
Au bonheur des maris nous trinquerons ensemble ;
Oh ! je t'y forcerai. Tu soupes, me dis-tu ?
Admire dans ma femme un effort de vertu :
Les soupers sont proscrits, et vraiment c'est dommage ;
Je veux qu'elle ait l'honneur d'en ramener l'usage.
Rien n'est tel pour causer que le repas du soir.
A table entre nous deux elle viendra s'asseoir.
Bientôt, cher receveur, vous la verrez paraître,
Et vous accepterez quand vous l'allez connaître.
Oui, vous que rien n'émeut, vous aurez votre tour :
Bonnard, monsieur Bonnard, vous lui ferez la cour.

SCÈNE II.

LES PRÉCÉDENS, VALENTIN.

DANVILLE.

Qu'est-ce donc, Valentin ? quel air sombre !

VALENTIN.

Mon maître,

(A Bonnard.)

J'aurais à vous parler..... Monsieur, j'ai l'honneur d'être...

DANVILLE.

C'est ce brave marin, mon ancien serviteur ;

Tu sens bien qu'à son âge il sert... en amateur :

J'exige peu de lui, sa franchise m'amuse ;...

Que veux-tu ?

BONNARD.

Ta bonté n'a pas besoin d'excuse ;

Ma gouvernante à moi me parle sans façon.

Tous deux ont fait leur tems : un honnête garçon,

Après un long service attesté par ses rides,

A, comme un vieux soldat, des droits aux invalides.

DANVILLE.

Qui t'amène ? voyons !

VALENTIN.

Je vous l'avais bien dit

Qu'un jour...

DANVILLE.

De ce refrain le bourreau m'étourdit.

VALENTIN.

Avant votre arrivée il s'est passé des choses....

BONNARD.

Adieu, Danville.

DANVILLE.

Eh ! non.

BONNARD.

Prends garde, tu t'exposes...

DANVILLE.

Que peut-il raconter? va donc, explique-toi :
Achève.

VALENTIN.

Eh bien! madame est trop jeune pour moi.

DANVILLE.

Oui dà !

VALENTIN.

Contre mon gré, monsieur, ne vous déplaise,
Par votre ordre en courrier j'ai précédé sa chaise.
On n'apprend pas sur mer à monter à cheval.
Sur une rosse étique, assis tant bien que mal,
Pour me rompre les os j'étais à bonne école.
Madame à chaque bond riait comme une folle.

DANVILLE.

En te voyant par terre, elle t'eût plaint beaucoup;
J'en suis sûr.

VALENTIN.

Beau profit, si j'étais mort du coup !

Mais une fois ici, j'eus bien d'autres affaires :
Vieilli dans la marine à bord de vos corsaires,
Sous ces galons d'argent qu'on me fit endosser,
Au bon ton des laquais on voulut me dresser.
L'exercice est moins dur : tiens-toi; lève la tête;
Fais ceci, fais cela; maladroit! qu'il est bête!
Que sais-je?... j'en maigris: c'est un métier d'enfer,
Et j'aurais mieux aimé dix campagnes sur mer.

BONNARD.

Ce pauvre Valentin !

VALENTIN.

Et pour votre carrosse,
On m'a fait un affront.

BONNARD.

Comment! depuis la **noce**
Nous n'allons plus à pied !

DANVILLE.

Il rêve.

VALENTIN.

Pas du tout :
Madame a pris voiture, et trouvait de son goût,
Pour me faire en marin terminer ma carrière,
De me loger debout sur le gaillard d'arrière.

DANVILLE.

Le grand mal !

VALENTIN.

Ne pouvant vaincre ma juste horreur,
Ne m'a-t-elle pas fait ?...

DANVILLE.

Eh ! quoi donc ?

VALENTIN.

Son coureur.

BONNARD.

Son coureur !

VALENTIN.

A quinze ans j'étais des plus ingambes ;
Mais devenir coureur quand on n'a plus de jambes !
Ce Paris ! on s'y perd : le Hàvre tout entier,
En se pressant un peu, tiendrait dans un quartier :
Et je cours ! mais je cours !... Dès que la porte s'ouvre,
Vite au Palais-Royal, du Marais vite au Louvre,
Du premier sous les toits !... Et pas plus tard qu'hier
J'ai porté des secours....

DANVILLE.

Hé quoi ! tu n'es pas fier
De consacrer tes pas à de pareils messages ?

VALENTIN.

Je ne suis jamais fier de monter cinq étages.
Puis à peine au logis, j'ai la serviette en main ;
Des dîners ! ... on en a pour jusqu'au lendemain,
Ils doivent coûter cher !

BONNARD.

Ah ! diable ! tu te piques
De donner, quoique absent, des festins magnifiques ?

DANVILLE.

Il a perdu le sens.

VALENTIN.

Je sais ce que je dis :
Vous donnez à dîner, monsieur, tous les lundis ;
La veille grands apprêts ; adieu notre dimanche !
Le jour que je préfère est celui qu'on retranche.

DANVILLE.

Paresseux !...

VALENTIN, à Bonnard.

Vous savez....

BONNARD.

Tu vaux ton pesant d'or,
Je le sais, mais tais-toi.

VALENTIN.

Je l'ai bien dit....

DANVILLE.

Encor!

VALENTIN.

Que, si le mariage entre par une porte,
Par l'autre, avant ma mort, il faudra que je sorte.

DANVILLE.

Hé bien! va-t-en!

BONNARD, à Danville.

Tout doux!

VALENTIN.

Oui, je veux m'en aller.

BONNARD, à Valentin.

Non pas; voyons, ensemble il faut capituler:
Valentin se taira, mais consens qu'il demeure,
Pour ne servir que toi.

DANVILLE.

Qu'il reste.

VALENTIN.

A la bonne heure.

DANVILLE, à Bonnard.

Je n'ai qu'à dire un mot et qu'à le plaindre un peu

Ma femme en sa faveur comme toi prendra feu.

VALENTIN.

Je conviens qu'elle est bonne.

DANVILLE.

Excellente ! accomplie !
Elle vient, tu vas voir.... La trouves-tu jolie,
Hein ! Bonnard ?

BONNARD.

Bien, très-bien !

SCÈNE III.

Les précédens, HORTENSE ; plusieurs valets.

HORTENSE, aux valets qui la suivent.

Allez, trente couverts.
Vous, comme chez le duc, rangez vos arbres verts,
Allez. Vous, pour le soir voyez si tout s'apprête :
Trois lustres au salon, des fleurs, un air de fête...
Le beau jour ! mon ami, partagez mon bonheur ;
Je veux que votre hôtel demain vous fasse honneur.

(Saluant Bonnard.)   (A Danville.)
Je vous revois enfin !... Monsieur... Je suis ravie :
Hier de m'amuser certes j'avais envie ;
Mais j'ai de vous quitter senti quelques remords ;

Adieu tout mon plaisir ! Je reconnais mes torts :

Embrassez-moi, pardon.

DANVILLE.

Je suis le seul coupable,

(A Bonnard.)

C'est moi qui l'ai voulu. Parle, est-on plus aimable?

HORTENSE.

Croyez qu'à l'avenir... Ah ! c'est vous, Valentin :

Pour ma loge aux Bouffons vous irez ce matin ;

(A Danville.)

Je veux vous y mener, vous aimez la musique.

(A Danville.)

De là chez mon libraire... un roman qu'on critique,

Mais qu'on dit effrayant ; ne vous en moquez point :

Tout ce qui me fait peur m'amuse au dernier point.

De là chez le docteur et puis chez le vicomte ;

De là chez le glacier pour demander son compte ;

Enfin chez le brodeur, courez vite... ah ! de là...

VALENTIN.

Mes jambes me font mal quand j'entends ce mot-là.

(A Danville.)

Monsieur !...

DANVILLE.

Ma bonne Hortense, il te demande grace :

Il a droit de se plaindre : une course encor passe ;
Mais vingt, mais tous les jours ! il est vieux, et je doi
L'employer désormais à ne servir que moi.

HORTENSE.

Je crois que pour courir tout le monde a mon âge ;
Je l'accable, c'est vrai ; je veux qu'il se ménage :
(A Valentin.)
Vous êtes à monsieur, n'obéissez qu'à lui,
A lui seul.
VALENTIN.

J'en suis quitte au moins pour aujourd'hui.

DANVILLE, à Bonnard.

Qu'ai-je dit?
HORTENSE.

Par malheur ici je n'ai personne.

(A Danville.)
Un jour, encore un jour et je vous l'abandonne.
DANVILLE.

Tu ne peux pas, mon vieux, trouver cela mauvais,
Pour un jour, allons, va.

BONNARD, à part.

J'en étais sûr.

VALENTIN, tristement.

J'y vais.

DANVILLE, à Bonnard.

A-t-elle assez bon cœur?

(Valentin sort.)

SCÈNE IV.

LES PRÉCÉDENS, EXCEPTÉ VALENTIN.

DANVILLE.

Tu vois, ma chère Hortense,
Un camarade à moi, mon compagnon d'enfance,
Mon mentor au collége; élève à Mazarin,
Bonnard m'a sur les bancs disputé le terrain;
Je l'aimais à quinze ans, et je te le présente
Comme un des vrais amis que j'estime à soixante.

HORTENSE.

Monsieur m'est connu.

BONNARD.

Moi!

HORTENSE.

Votre fraternité
Fit proverbe autrefois dans l'université.

BONNARD.

Il est sûr qu'avec lui je vivais comme un frère.

HORTENSE.

Si nous en exceptons vos débats sur Homère.

BONNARD.

Achille était son dieu.

HORTENSE.

Vous préfériez Hector.

BONNARD.

Vous le savez?

HORTENSE.

Bon dieu! j'en sais bien plus encor;
Danville est très-causeur.

BONNARD.

Causeur par excellence,

C'est vrai?

HORTENSE.

Vous souvient-il de certaine imprudence,
Qui lui valut de vous un superbe sermon?

DANVILLE.

Il sermonait toujours.

BONNARD.

Lui, c'était un démon!

HORTENSE.

D'un prix de vers latins....

BONNARD.

Madame !

HORTENSE.

D'une thèse,

Qui vous fit un honneur !

BONNARD.

C'est en soixante-treize ;

Oui vraiment : quoi ! madame, on vous en a parlé ;

Quel charmant souvenir vous m'avez rappelé !

(A Danville.)
Elle a beaucoup d'esprit.

DANVILLE.

N'est-ce pas ?

HORTENSE.

Je m'arrête :

Vos triomphes passés vous tourneraient la tête.

Mais voyez-nous souvent : en causant tous les trois,

Nous ferons reverdir vos lauriers d'autrefois.

Pour madame Bonnard, je veux aller moi-même...

BONNARD, embarrassé.

Je suis...

DANVILLE.

Il est garçon, et garçon par système.

BONNARD.

Me voilà converti.

HORTENSE.

Monsieur, prouvez-le donc,
Un garçon a parfois des momens d'abandon,
D'ennui ; venez nous voir, et que notre ménage
Vous raccommode un jour avec le mariage.

BONNARD.

Je ferai d'un tel soin mon plus doux passe-tems,
Et voudrais près de vous prolonger ces instans ;
Mais un mot très-pressé que je ne puis remettre....
(Bas à Danville.)
Il faudra que la somme arrive avec la lettre.

DANVILLE.

Sois tranquille. Et parbleu ! pour écrire un billet
Tu n'es pas mieux chez toi que dans mon cabinet.
Regarde :... un bureau neuf, loin du bruit des voitures,
Et ton cher Moniteur ouvert sur des brochures....
Dans peu je te rejoins.

BONNARD.

A ton aise, mon cher ;
Un caissier le dimanche est libre comme l'air ;

Souviens-toi seulement qu'à deux heures je dîne.
 (Bas à Danville.)
Ah ! je te félicite, et ta femme est divine.
(Il sort.)

SCÈNE V.

DANVILLE, HORTENSE.

HORTENSE, riant aux éclats.

Dieu ! qu'il est amusant ! Mais c'est un vrai trésor.

Il a ressuscité les mœurs du siècle d'or ;

Il dîne le matin, à l'antique il s'habille,

Et j'ai cru voir marcher un portrait de famille.

DANVILLE.

Oh ! n'en ris pas : je l'aime.

HORTENSE, riant toujours.

     Et quel regard vainqueur

Quand j'exaltais sa gloire !

DANVILLE.

     Oui, mais il a bon cœur ;

C'est un homme excellent, rangé, sûr en affaire,

Et tu peux l'obliger.

HORTENSE, sérieusement.

    Voyons : je veux le faire.

DANVILLE.

Le jour de ton départ je t'avais confié
Cinquante mille francs ; donne-m'en la moitié :
Il a besoin d'argent.

HORTENSE.

         Courez donc à la banque :
Je n'en saurais prêter, quand moi-même j'en manque.

DANVILLE.

Que me dites-vous là ?

HORTENSE.

           Ma bourse est aux abois ;
C'en est fait !

DANVILLE.

      En deux mois ?

HORTENSE.

        Mais c'est bien long deux mois.

DANVILLE.

Cinquante mille francs !... Comment, ma bonne amie...

HORTENSE.

Vous ne me louez pas sur mon économie ?

DANVILLE.

Ah ! parbleu ! c'est trop fort.

HORTENSE.

                Chez moi je n'ai voulu
Rien que le nécessaire, et pas de superflu.

DANVILLE.

Comment donc, s'il vous plaît, nommez-vous ces dorures,
Ces cristaux suspendus, ces vases, ces figures,
Ce fragile attirail dont on n'ose approcher,
Et ces meubles si beaux que je crains d'y toucher?
Est-ce utile? parlez....

HORTENSE.

                C'est plus, c'est nécessaire.
Cet appareil pour vous n'a rien que d'ordinaire.
Vous voulez devenir receveur-général;
Logez-vous donc au ciel, et logez-vous très-mal;
Qui parlera de vous? qui vous rendra visite?
L'opulence à Paris sert d'enseigne au mérite.
Étalez des trésors si vous voulez percer;
Une place est de droit à qui peut s'en passer.
Ma mère me répète : Éblouis le vulgaire;
Qu'on dise : il est très-riche, il est millionnaire;
Demandons tout alors, et nous aurons beau jeu.
J'ai voulu par le luxe en imposer un peu.
Je dis un peu; beaucoup, je me croirais coupable :
Un peu c'est nécessaire et même indispensable.

DANVILLE.

Voilà quelques motifs qui sont d'assez bon sens ;
Mais au moins ces dîners d'eux-mêmes renaissans,
Ces éternels dîners, qu'une fois par semaine
Un bienheureux lundi pour trente élus ramène,
Je les crois superflus.

HORTENSE.

Erreur ! Quoi ! vous traitez
Mes dîners du lundi de superfluités !
Mais rien n'est plus utile, et sur cette matière,
Vous êtes, mon ami, de cent ans en arrière.
Il faut avoir un jour, fixé pour recevoir
Ses prôneurs à dîner, et ses amis le soir :
De nos auteurs en vogue il faut avoir l'élite ;
On en fait les honneurs aux grands que l'on invite.
Aussi je vois souvent plusieurs des beaux esprits
Dont je vous ai là-bas adressé les écrits :
Ils parlent, on s'anime, on rit, la gaîté gagne,
Et l'on a ces messieurs comme on a du Champagne.
Notre siècle est gourmand, on peut blâmer son goût :
On fronde les dîners, et l'on dîne partout.
Mais n'en donner jamais, pas même un par semaine,
C'est en solliciteur vouloir qu'on vous promène.

Qui, vous solliciteur ? vous êtes candidat ;

Vous ne demandez rien, vous acceptez. L'État

N'a pas dans ses bureaux de puissance intraitable

Pour l'heureux candidat qui la courtise à table ;

Protégés, protecteurs au dessert ne font qu'un :

Mais ne me parlez pas d'un protecteur à jeun.

Recevoir me fatigue, et, pour être sincère,

C'est un mal, j'en conviens, mais un mal nécessaire.

DANVILLE.

Donnez donc vos dîners, madame, et donnez-les

Sans nourrir à l'office un peuple de valets,

Sans payer un cocher, et sans faire étalage

D'un grand chasseur perché derrière un équipage.

Ce carrosse, à quoi bon ? que n'a-t-il pas coûté !

Qui vous force à l'avoir ?

HORTENSE.

Qui ? la nécessité.

Vous-même ; oui, pour vous j'en ai fait la dépense.

Quand on est candidat on court plus qu'on ne pense.

Visitez donc les grands durement cahoté,

Sur les nobles coussins d'un char numéroté :

Vous jouerez à leur porte un brillant personnage !

Y viendrez-vous à pied ? ce n'est plus de votre âge.

De fatigue accablé, que ferez-vous le soir?
Qu'il se présente alors quelque spectacle à voir,
Eh bien! j'irai donc seule, et j'irai sans m'y plaire;
Car vous m'y forcerez. Quel plaisir au contraire,
L'un près de l'autre assis, tête à tête, en causant,
D'aller chercher sans peine un spectacle amusant!
D'en jouir tous les deux!... peut-être c'est faiblesse,
Mais heureuse avec vous, j'y veux être sans cesse.
Je fis tout dans ce but, j'ai tort; mais un tel soin,
Superflu pour vous seul, est mon premier besoin.

DANVILLE.

Et moi qui t'accusais! je suis touché, j'ai honte
D'avoir...

HORTENSE.

    De votre argent je veux vous rendre compte.
Vous ne savez pas tout; je veux, pour votre honneur,
Justifier en vous ce mouvement d'humeur.
La lecture vous plaît; d'un cabinet d'étude
J'ai su vous préparer l'aimable solitude.
Il me coûte un peu cher; mais vos auteurs chéris,
Rangés autour de vous, en couvrent les lambris.
Le Duc, qui vous protège, est plein de complaisance;
Il m'a de son jardin cédé la jouissance,
Pour qui? pour vous, monsieur, ne convenez-vous pas

Qu'un jardin a pour vous de merveilleux appas ?

J'ai pris soin de l'orner ; sous son ombre tranquille

Vous vous reposerez du fracas de la ville.

On ne fait rien pour rien ; mais qu'importe le prix ?

Vous aurez la campagne au milieu de Paris.

Votre orgueil conjugal jouit de ma parure :

J'ai fait des frais pour lui, c'est complaisance pure.

J'ai choisi les couleurs que vous aimez le mieux,

Les bijoux dont l'éclat flatte le plus vos yeux ;

De tout ce qui vous plaît je me suis embellie,

Et rien ne m'a coûté pour vous sembler jolie.

Mes crimes, les voilà. Voyons, recommencez,

Courage, grondez-moi... mais non, vous faiblissez,

Le repentir vous prend, et si je ne m'abuse,

Vous sentez que vous seul avez besoin d'excuse ;

Demandez-moi pardon d'un injuste courroux,

Et vous l'aurez, méchant, car je vaux mieux que vous

DANVILLE.

Oui, tu vaux mieux cent fois. Pardonne, mon Hortense,

En vain l'âge entre nous a mis quelque distance,

Tes procédés pour moi me la font oublier,

Et devant tant d'amour je dois m'humilier.

SCÈNE VI.

LES PRÉCÉDENS, Madame SINCLAIR.

Madame SINCLAIR.

Embrassez-la, c'est bien ; mais hâtez-vous, mon gendre,
Je l'emmène.

DANVILLE.

Comment ?

HORTENSE.

Ma mère on peut attendre....

Madame SINCLAIR.

Non pas, sur une emplette il me faut ton conseil,
Et nous profiterons d'un rayon de soleil,
Pour notre promenade....

DANVILLE.

Où donc ?

Madame SINCLAIR.

Aux Tuileries,
Le temple de la mode et des galanteries,
L'école des grands airs ; sa grâce, heureux époux,
Dans ce brillant séjour vous fait mille jaloux ;
Sa marche est un triomphe, on la suit, on l'admire...

HORTENSE, à Danville.

Ah! venez avec nous.

Madame SINCLAIR.

Hortense a dû vous dire
Qu'on vous attend, mon cher, chez le premier commis.

DANVILLE.

Qui, moi? quand ce devoir d'un jour serait remis,
Qu'importe.

HORTENSE, gravement.

La démarche est des plus nécessaires.
(Plus bas.)
Et le banquier.

DANVILLE.

C'est juste!

Madame SINCLAIR.

Avant tout les affaires.

DANVILLE.

Mais...

HORTENSE.

Au revoir, Danville.

DANVILLE.

Encore un mot!

Madame SINCLAIR.

Bonjour;
Elle sera rentrée avant votre retour.

SCÈNE VII.

DANVILLE, seul.

Là, nous causions si bien, me quitter de la sorte!...
Aussi j'avais des torts. Pourtant la somme est forte.
Au Hâvre, à ce prix-là, j'aurais eu deux maisons;
Mais elle m'a donné d'excellentes raisons.
Ayons soin que Bonnard ignore l'aventure;
Courons vîte : est-ce heureux d'avoir une voiture!
(Regardant par la fenêtre.)
Tiens, ma femme l'a prise... Ah! bah! j'aime à marcher.
L'exercice m'est bon, je vais me dépêcher;
Pour la revoir plutôt, soyons infatigable;
Il faut en convenir, ma femme est bien aimable !

FIN DU PREMIER ACTE.

ACTE SECOND.

SCÈNE PREMIERE.

DANVILLE, Madame SINCLAIR.

DANVILLE.

Non, vos façons d'agir ne me vont pas du tout,
Et les courses à pied sont fort peu de mon goût.

Madame SINCLAIR.

Vous prendrez la voiture. Hé bien, votre visite ?

DANVILLE.

Je ne la veux pas faire, et vous m'en tiendrez quitte.

Madame SINCLAIR.

Vous avez de l'humeur ?

DANVILLE.

Beaucoup, et j'ai raison :
Je vais chez deux banquiers ; mais l'un dîne à Meudon,
L'autre est à Saint-Germain. Je cours chez mon notaire ;

Monsieur, jusqu'à lundi, se délasse à Nanterre.

Quand on meurt le dimanche, on peut apparemment

Remettre au lendemain pour faire un testament.

Madame SINCLAIR.

Le dimanche à Paris n'est pas un jour commode.

DANVILLE.

Et puis vantez-moi donc vos jardins à la mode !

Curieux comme un sot, ou poussé par l'orgueil,

J'y vais, pour voir ma femme et jouir du coup-d'œil ;

Je ne sais quel démon m'avait mis dans la tête

De régaler mes yeux d'un plaisir aussi bête.

J'entre ; un pareil délire a de quoi m'étonner :

Dans un jardin immense on peut se promener,

On ne suit qu'une allée, une seule, et laquelle ?

J'en ai bien compté dix, dont la moindre est plus belle.

Mais personne n'y va ; non : Paris tout entier

Vient s'entasser en long dans un petit sentier.

Quelle foule ! on s'étouffe, et là, je vois Hortense,

A travers un rempart qui me tient à distance,

Et sans artillerie on n'aurait pu percer

Ce cortége autour d'elle ardent à s'amasser.

Je marchais, j'enrageais, j'avais beau faire un signe,

Deux, trois, bon ! d'un regard un mari n'est pas digne,

Et revenant toujours et toujours écarté,
Et molesté, heurté, porté, presqu'insulté,
Je m'enfuis tout en eau, je me sauve, j'arrive,
Et qu'ai-je fait?... J'ai vu ma femme en perspective.

Madame SINCLAIR.

Mais quel triomphe aussi! de quoi vous plaignez-vous?
On adopte un chemin que l'on préfère à tous,
Les autres sont déserts, la raison en est bonne :
Si personne n'y va, c'est qu'on n'y voit personne.
On se promène ailleurs; à Paris c'est bien mieux,
On vient se faire voir; donc on cherche les yeux.

DANVILLE.

Mais quel est ce jeune homme, heureux à sa manière,
Qui d'un si bon courage avalait la poussière,
Que ma femme écoutait, qui ramassait son gant,
Qui....

Madame SINCLAIR.

C'est le duc d'Elmar; hein? qu'il est élégant !
On le croirait chez lui. Quel ton ! dans son aisance,
Perce un air de grandeur qui vous séduit d'avance.
Qu'un négligé de cour lui sied bien à mon gré!
Sous le signe éclatant dont il est décoré,
Quand ma fille a son bras, que je trouve de charmes

A voir chaque soldat leur présenter les armes !
C'est glorieux pour vous.

DANVILLE.

Je vous suis obligé,
Mais je ne vois pas là le grand honneur que j'ai.
Ils sont liés ?...

Madame SINCLAIR.

Bien plus depuis notre voyage.

DANVILLE.

Il la connaissait donc avant mon mariage ?

Madame SINCLAIR.

Sans doute ; auprès du Hàvre il vint passer l'été,
Et rendit comme un autre hommage à sa beauté.
Je sus, quand il partit, saisir la circonstance ;
Appelant ses bontés sur le père d'Hortense,
Je parlai d'un retour, impossible aujourd'hui :
Le Duc fera pour vous ce qu'il eût fait pour lui.
Nous nous sommes revus par un bonheur unique :
Je cherchais un hôtel, c'est le sien qu'on m'indique.
Le hasard fait chez lui vaquer un logement,
Celui-ci, c'est heureux.

DANVILLE.

Oui, ma foi, c'est charmant !

Madame SINCLAIR.

Pour comble de bonheur son oncle est aux finances ;
Le Duc, à lui tout seul, vaut deux ou trois puissances.
Pour vous, grace à nos soins, le voilà très-zélé ;
Mais de vos soixante ans nous n'avons point parlé.
Par son âge souvent la vieillesse indispose,
Et l'on croit qu'un vieillard n'est p propre à grand'chose.

DANVILLE.

Merci !

Madame SINCLAIR.

Mais vous pouvez cacher dix ou douze ans.

DANVILLE.

Non, vos honneurs pour moi ne sont plus séduisans ;
J'entrevois des dangers à trop courir les places.

Madame SINCLAIR.

Lesquels ? à pleines mains le Duc répand les grâces.
Courage ; Hortense et moi nous avons du crédit.
Le Duc me rend des soins dont tout bas on médit :
J'ai sa loge aux Français quand un acteur débute.
Pour les chambres, j'y vais les jours où l'on dispute.
J'ai vu dans leur splendeur les quarante immortels,
Et suivi par plaisir deux procès criminels.
Le Duc me conduisait, et quand j'étais rentrée,
Ici, loin du grand monde, il passait la soirée.

DANVILLE.

C'est vous qu'il venait voir?

Madame SINCLAIR.

                    Au point qu'on s'en moquait;
Un jour que j'étais seule, il a fait mon piquet.
Je dis seule, ma fille était là; mais qu'importe!...

DANVILLE.

Il importe beaucoup, et j'agirai de sorte
Que ces vastes salons ne soient plus encombrés
De tous vos beaux messieurs titrés ou non titrés;
Et qu'Hortense, loin d'eux, cherche dans son ménage
Un plaisir moins bruyant qui convienne à mon âge.
Que fait-elle? en visite elle a perdu ses pas
Chez des gens très-connus, que je ne connais pas,
Et par respect humain, pour briller, asservie
A de frivoles soins qui surchargent sa vie,
De peur que mon bonheur ne me fît des jaloux,
Elle a vu tout le monde excepté son époux.
Moins d'éclat, plus d'égards. Ai-je pris une femme
Pour illustrer monsieur du bruit que fait madame,
Rester veuf à sa suite avec vos bons maris,
Ou pour en décorer les jardins de Paris?
Dites-lui s'il vous plaît...

Madame SINCLAIR.

> Vous parlerez vous-même.
Je vous trouve aujourd'hui d'une injustice extrême ;
Et je ne vois pas, moi, le mal assez urgent
Pour me charger d'un soin qui n'est point obligeant.
Je vous laisse y rêver, et ne sais pas, mon gendre,
Supporter une humeur que je ne puis comprendre.

SCÈNE II.

DANVILLE.

Je hasarde un conseil ; mais qu'il soit sage ou non,
N'importe : elle est grand'mère, et veut avoir raison,
Ne voit de mal à rien, tant sa tête est frivole,
Et sa petite-fille est pour elle une idole.
Elle a beau se placer entre ma femme et moi,
Moi, je veux me fâcher, car le duc... Hé bien, quoi ?
Ce duc perdra ses pas, et le mieux est d'en rire...
Ah ! ce duc me tourmente. On vient ; mon Dieu ! que dire ?
Bonnard et pas d'argent !

SCÈNE III.

DANVILLE, BONNARD.

BONNARD, (sa montre à la main.)

   Sais-tu qu'il est très-tard?
Deux heures à ma montre, et tiens, déjà le quart.
Bien que du Moniteur la lecture soit bonne,
Je n'ai pas pu finir ma septième colonne;
Mon cher, je meurs de faim.

DANVILLE.

   Pardon, j'étais dehors...

BONNARD.

Tu ne tiens plus chez toi, tu t'amuses, tu sors,
Et ton ami Bonnard va, grâce à ta sortie,
Trouver son dîner froid et la poste partie.
Je t'ai laissé le tems de voir ton trésorier.

DANVILLE, (à part.)

Si j'accuse ma femme, il va se récrier.

BONNARD.

Mon argent! Hâtons-nous.

DANVILLE.

   Je te dirai...

BONNARD.

                              Non, donne ;

Ne me dis rien.

DANVILLE.

Il faut... c'est que... je n'ai personne

Pour...

BONNARD.

Appelle madame, ou fais-moi la faveur

De me signer pour elle un billet au porteur.

DANVILLE.

Elle a, je l'oubliais, payé certaine somme...

Quel intérêt si grand t'inspire ton jeune homme?

BONNARD.

Qu'entends-je ?

DANVILLE.

Un étranger !

BONNARD.

                 Tu le connais.

DANVILLE.

                              Qui, moi?

BONNARD.

Cet étranger, mon cher, n'en est pas un pour toi.

DANVILLE.

Comment, et de son nom tu m'as fait un mystère !

BONNARD.

C'est qu'il m'a défendu de le dire à son père.

DANVILLE.

Dieu ! ce serait ? ....

BONNARD.

Ton fils. D'après sa volonté,

Je n'ai dû le nommer qu'à toute extrémité.

Par lui, depuis long-tems, je savais ton histoire;

Ton silence avec moi n'est pas trop à ta gloire,

Et j'ai voulu tantôt te donner l'embarras

De m'apprendre un hymen que je n'ignorais pas.

DANVILLE.

C'est mon fils !

BONNARD.

Oui vraiment.

DANVILLE.

Mon fils dans la détresse !

Et ce n'est pas à moi que d'abord il s'adresse !

Il va chercher un tiers !

BONNARD.

Ah ! qu'est-ce que tu veux ?

Il faut toujours qu'un tiers se place entre vous deux ;

Dumoins il me l'écrit, et ce tiers-là le gêne ;

Voilà ce qu'après soi le mariage amène.

La femme et les enfans sont rarement d'accord ;

A l'un des deux partis il faut qu'on donne tort ;

De beaux yeux plaident bien, et le juge préfère

Le bonheur de l'époux au devoir du bon père.

DANVILLE.

Mais mon fils est un fou !

BONNARD.

Pourquoi l'avoir quitté ?

Instruit d'hier au soir, que n'ai-je pas tenté ?

J'ai pour combler le vide épuisé bien des bourses ;

Restent vingt mille francs, et je suis sans ressources ;

Toi seul peux le sauver.

DANVILLE.

Ah ! voyage maudit !

Ah ! ma femme, ma femme !

BONNARD.

Hein ?

DANVILLE.

Quoi ? je n'ai rien dit.

(Après une pause.)

Bonnard, mon cher Bonnard !

BONNARD.

Tu me fais peur : abrège ;
C'était, je m'en souviens, ton exorde au collége,
Quand dans un mauvais pas tu voulais m'engager.

DANVILLE.

Tu dois avoir des fonds et tu peux m'obliger.

BONNARD.

Un caissier n'en a point : quand il prête il s'expose ;
Le public ne sait pas de quels fonds il dispose.

DANVILLE.

J'en réponds.

BONNARD.

Non.

DANVILLE.

L'argent te rentrera demain.

BONNARD.

Non, non.

DANVILLE.

Sauve mon fils : allons, toi son parrain,
Mon bon, mon vieil ami !

BONNARD.

Tu plaides comme un ange ;
Mais, quand on m'attendrit, moi cela me dérange.

DANVILLE.

Bonnard, mon cher Bonnard !

BONNARD.

J'aurai tort; c'est égal,
(Il s'en va, et revient.)
Je trouverai l'argent... Mais je dînerai mal.

DANVILLE.

Nous en souperons mieux ;

BONNARD.

Tiens la chose secrette,
(Il revient.)
Adieu.... C'est qu'il y va, mon cher, de ma recette.

DANVILLE.

Sois sans crainte.... A propos, tu m'as parlé, je crois,
Du jeune duc d'Elmar.

BONNARD.

Je l'ai vu quelquefois ;
Très-galant, beau danseur, tirant fort bien l'épée,
Redoutable aux maris par plus d'une équipée...

DANVILLE.

Redoutable aux maris !

BONNARD.

D'autant plus dangereux,

Qu'il aime comme un fou, quand il est amoureux :
Et le monde prétend qu'une femme jolie
Ne peut voir sans pitié qu'on l'aime à la folie.
On le plaint et ma foi.... Qu'as-tu donc ?

DANVILLE.

Rien du tout.

BONNARD.

La femme qui lui plaît le rencontre partout ;
Dans les jardins publics....

DANVILLE.

Ah ! oui.

BONNARD.

Dans les spectacles.

DANVILLE.

Mais les maris sont là.

BONNARD.

Bon ! il rit des obstacles :

Quelquefois il fait mieux ; il place les maris ;
Il les place très-bien ; mais Dieu sait à quel prix !
Tu m'entends.

DANVILLE.

Oh ! de reste !

BONNARD.

Enfin tu vois du monde ;

Crois-moi, j'ai pour ta femme une estime profonde.
Mais ne le reçois pas.

DANVILLE.

Non, je te le promets.

UN LAQUAIS.

Monsieur le duc d'Elmar !

BONNARD.

Tu le vois donc?

DANVILLE.

Jamais.

S'il vient, c'est pour affaire au moins, pas davantage.

BONNARD, en souriant.

Ou bien, c'est qu'en montant il s'est trompé d'étage.

SCÈNE IV.

DANVILLE, BONNARD, LE DUC D'ELMAR

LE DUC D'ELMAR.

Eh! c'est monsieur Bonnard! enchanté de le voir!
Le ministre en riant me disait hier soir :
Parbleu! monsieur Bonnard ne le cède à personne :
C'est un esprit exact qu'aucun chiffre n'étonne;

Pour le trouver en faute il faut qu'on soit sorcier,
Et comme on naît poète, il était né caissier.

BONNARD.

Ah! Monsieur! que d'honneur me fait son Excellence!
C'est vrai; je sais d'un compte établir la balance.
Dame! après quarante ans!... mais pardon....

LE DUC.

Vous sortez,
Pour revoir si vos fonds sont bien ou mal comptés;
Et grâce au saint effroi qui pour eux vous tourmente,
Jamais de votre caisse un denier ne s'absente.
Bravo, monsieur Bonnard!

BONNARD, au duc.

Merci du compliment.
(A Danville.)
Dis donc, pour me le faire, il prend bien son moment.

DANVILLE, à Bonnard.

Du courage, à ce soir.

SCÈNE V.

DANVILLE, LE DUC D'ELMAR.

DANVILLE, au duc.

Monsieur veut quelque chose?...
C'est madame Sinclair qu'il vient voir je suppose?

LE DUC.

Et madame sa fille, elle n'est pas ici?

DANVILLE.

Non, je l'attends.

LE DUC.

Alors je vais l'attendre aussi.
(A part.)
Quel est donc ce monsieur?

DANVILLE, à part.

A merveille, il demeure.

LE DUC.

J'y songe; pour la voir j'avais mal choisi l'heure;
Elle est chez la baronne.

DANVILLE

Ah! cela se peut bien.
(A part.)
Il sait où va ma femme, et moi je n'en sais rien.

LE DUC.

Monsieur est depuis peu dans notre grande ville?

DANVILLE.

D'hier.

LE DUC.

Il est ami de madame Danville?

DANVILLE, *en souriant.*

Je lui tiens de plus près.

LE DUC.

Parent?.... ah ! je m'en veux !
Oui, je n'en doute plus ; que je m'estime heureux !
A cet air respectable ai-je pu méconnaître....

DANVILLE.

Quoi ! je vous suis connu ?

LE DUC.

Pouvez-vous ne pas l'être ?
Recevez donc ici mon juste compliment :
Oui, madame Danville est un objet charmant ;
Aussi j'avais trouvé certain air de famille.....
Vous avez là, monsieur, une adorable fille !

DANVILLE.

Moi ! comment ?

LE DUC.

Heureux père ! ah ! je suis attendri.

SCÈNE VI.

DANVILLE, LE DUC, HORTENSE.

HORTENSE.

Eh quoi! monsieur le Duc seul avec mon mari!

LE DUC.

(A part.)   (Haut.)

Son mari!.. qu'il m'est doux de rencontrer si vite
L'homme dont ce matin j'ai vanté le mérite;
Mais il ne me doit rien, je l'avoue, et ses droits
Plaidaient en sa faveur cent fois mieux que ma voix.
Est-ce aux gens tels que lui qu'on peut faire des graces?
Si le mérite seul avait marqué les places,
Monsieur, à meilleur titre usant du droit que j'ai,
Serait le protecteur et moi le protégé.

HORTENSE.

Jamais monsieur le Duc ne dit rien que d'aimable.

LE DUC.

Ce discours n'est que juste.

DANVILLE.

                    Il m'est trop favorable;
Aussi me touche-t-il comme il doit me toucher;
Mais je crois qu'au ministre on ne doit rien cacher;

J'ai déjà soixante ans....

LE DUC, vivement.

C'est l'âge qu'il préfère,
Et c'est un vrai présent que je m'en vais lui faire.
Depuis près de dix jours madame m'a promis
D'embellir chez mon oncle une fête entre amis.
Elle vous attendait, ma mémoire est fidelle,
J'ai reçu sa parole et pour vous et pour elle.
Venez donc, c'est au bal qu'il faut solliciter.
Chez mon oncle, ce soir, je veux vous présenter ;
C'est conclu : ma voiture ensemble nous y mène,
Et.....

DANVILLE.

Je suis fatigué, monsieur, j'arrive à peine.

HORTENSE.

Le bal délasse.

DANVILLE.

Et puis, moi-même je reçois ;

HORTENSE.

Qui ? votre ami Bonnard, ce Monsieur d'autrefois ?

DANVILLE.

Monsieur l'estime fort.

HORTENSE.

Et conviendra, je gage,

Que du siècle passé c'est la vivante image.

LE DUC, en riant.

Madame....

DANVILLE.

Il vient ce soir.

HORTENSE.

Pour le recevoir mieux,

Avez-vous invité quelqu'un.... de vos aïeux?

DANVILLE.

Hortense !

HORTENSE.

C'est fini. Paix; allons, je plaisante;

On croirait à vous voir que je suis médisante.

(Au duc.)

Le suis-je? Jugez-nous.

DANVILLE.

Brisons là.

HORTENSE.

Non, je veux

Que le Duc aujourd'hui soit juge entre nous deux.

DANVILLE, à part.

J'ai peine à me contraindre.

LE DUC, sérieusement.

Excusez-moi, madame;

Mais je ne puis trahir le penchant de mon âme.
Encore un coup, pardon ; j'aime monsieur Bonnard ;
C'est la probité même ; oui, c'est un homme à part,
Un esprit hors de ligne, et dès qu'un mot l'offense,
On me voit des premiers voler à sa défense.

DANVILLE, enchanté, et regardant sa femme.
Très-bien, monsieur le Duc !

LE DUC.

Mais si l'on n'a lancé
Qu'un trait dont son honneur ne puisse être blessé ;
Si l'on a dit.... Eh quoi?... qu'il vit en patriarche,
Qu'il dîne encore à l'heure où l'on dînait dans l'arche,
Ou quelqu'un de ces mots, qui seuls sont des portraits,
Que madame rencontre et que je chercherais,
Quel mal cela fait-il? C'est s'amuser, c'est rire,
C'est se jouer de rien ; mais ce n'est pas médire.

HORTENSE, en regardant son mari.
Oh ! le Duc a raison.

LE DUC, à Danville.

Monsieur, moins de rigueur ;
La conversation périrait de langueur
Sans ce tour amusant qu'un esprit fin lui donne ;
(Montrant Hortense.)
Tout le monde y perdrait, et vous plus que personne.

DANVILLE.

Je n'en disconviens pas; mais brisons sur ce point.

LE DUC.

Et pourquoi votre ami ne nous suivrait-il point?

HORTENSE.

Sans doute !

DANVILLE.

Un patriarche a l'humeur sédentaire,

Et s'arrange assez peu d'un bal au ministère.

D'ailleurs, souper ensemble est pour nous un bonheur.

HORTENSE, en riant.

Souper ! Il vient souper?

DANVILLE, à sa femme, avec dignité.

Il nous fait cet honneur.

(Au duc.)
Bien que de refuser mon regret soit extrême,

Trouvez bon qu'à mon tour j'en appelle à vous-même;

Monsieur, vous m'approuvez, et connaissant Bonnard,

Vous me reprocheriez de traiter sans égard

L'ami qui m'est lié par un commerce intime,

Et que vous honorez d'une si haute estime.

LE DUC.

Cette excuse m'arrête, et je n'ose insister:

Mais, madame, parlez : qui peut vous résister?

J'implore en m'éloignant cet appui tutélaire,

Ou je vais de mon oncle encourir la colère.

Monsieur, vous céderez, et moi, dans cet espoir,

Je viendrai, s'il vous plaît, m'en assurer ce soir.

SCÈNE VII.

DANVILLE, HORTENSE.

HORTENSE.

Vous irez au bal?

DANVILLE.

Non.

HORTENSE.

Vous irez, j'en suis sûre.

DANVILLE.

Je vous promets que non.

HORTENSE.

Si fait.

DANVILLE.

Non, je vous jure.

HORTENSE.

Eh pourquoi, sans raison, vous priver d'y venir?

DANVILLE.

C'est que ce plaisir-là ne peut me convenir.

HORTENSE.

Mais quel est le motif de cette répugnance ?

DANVILLE.

Pouvez-vous m'accorder un moment d'audience ?

HORTENSE.

Moi !

DANVILLE.

Depuis mon retour des soins plus importans,
Des amis plus heureux s'arrachaient vos instans ;
Et las de renfermer ce que je veux vous dire,
J'ai cru dans mon dépit qu'il faudrait vous l'écrire ;
Mais puisqu'il m'est permis d'en décharger mon cœur,
Je vous le dis tout net : ce petit air moqueur
Pour mon ami Bonnard m'offense et me chagrine.
Le besoin de briller à tel point vous domine,
Qu'avec un jeune fou je vous vois de moitié
Contre ce digne objet d'une ancienne amitié.
Vous riez du bonhomme ; eh oui ! c'est un bonhomme ;
Un bonhomme que j'aime ; et plus d'un qu'on renomme,
Dont l'honneur fait grand bruit, dont l'esprit est vanté,
N'a ni son noble cœur, ni sa franche gaité.

On l'attaque lui seul, et tous deux on nous blesse;

Et chaque trait piquant lancé sur sa vieillesse

Ne peut devant un tiers l'immoler aujourd'hui,

Sans retomber sur moi, qui suis vieux comme lui.

HORTENSE.

Mais le Duc vous l'a dit, ce n'est qu'un badinage,

Et le Duc, à mon sens, raisonnait comme un sage.

DANVILLE.

Votre Duc! il me choque au suprême degré.

Je connais peu de gens qui ne soient à mon gré;

Mais lui, de me déplaire il a le privilège.

Me croit-il, ce monsieur, dupé de son manège?

Ce zèle officieux qu'il fait sonner si fort,

Cet air de vous blâmer, pour mieux me donner tort,

Tout ce jeu me déplaît. Pour des raisons sans nombre,

Il n'est pas bon qu'un Duc soit là comme votre ombre.

La réputation d'une femme de bien

Dans la communauté ne compte pas pour rien;

Et s'il n'est défendu contre tous, à toute heure,

Ce fruit de tant de soins en un instant s'effleure.

Il ne faut qu'un jeune homme un peu trop assidu,

Que le discours d'un sot par un autre entendu:

Le mal est déjà fait : le mensonge circule;

La femme est méprisée et l'époux ridicule,
Et trente ans de vertu, loin du monde et du bruit,
Ne sauraient réparer ce qu'un jour a détruit.

HORTENSE.

Pour quel écrit moral faites-vous ce chapitre?
Mais dans un autre tems vous m'en direz le titre.
Irez-vous à ce bal où l'on veut vous avoir?

DANVILLE.

Non : je vais chez les gens que je peux recevoir.

HORTENSE.

Mais le Duc vient chez vous.

DANVILLE.

    C'est trop de complaisance.
Qu'il daigne à l'avenir m'épargner sa présence.
Il me fait un honneur dont je suis peu flatté.
Rien de mieux, j'en conviens, qu'un beau nom bien porté;
A sa juste valeur j'estime la noblesse.
Qu'on reçoive chez soi marquis, duc et duchesse,
C'est bien, si l'on est duc, et je ne le suis pas.
Ma maison me convient; mais si je risque un pas
Dans ce cercle titré dont l'éclat vous transporte,
A cent devoirs fâcheux je cours ouvrir ma porte.
Mon appétit s'en va, lorsque je vois siéger

Tout l'ennui des grands airs dans ma salle à manger.

Ma langue est paresseuse à rompre le silence,

S'il faut, au lieu de vous, dire votre excellence,

Ou, Mécène du jour, flatter les favoris

De l'Apollon bâtard qu'on adore à Paris.

Je ne sais pas encor de quel air on écoute

Vos auteurs nébuleux auxquels je n'entends goutte,

Et tout leur bel esprit ne fait que m'étourdir,

Moi, qui cherche à comprendre avant que d'applaudir.

De traiter ces messieurs j'aurais eu la manie,

Si j'étais assez sot pour me croire un génie;

Mais, grâce à du bon sens, je sais ce que je vaux.

Jouissez sans fracas du fruit de mes travaux,

Avec de bonnes gens, des gens qu'on puisse entendre,

Qui de leur nom pour nous n'aient pas l'air de descendre,

Qui ne m'observent pas pour me prendre en défaut

Si je parle sans gêne ou si je ris trop haut,

Et ne croient pas me faire une grâce infinie

En me trouvant chez moi de bonne compagnie.

Voilà mes gens; voilà les amis que je veux,

Sûr qu'ils seront pour moi ce que je suis pour eux.

HORTENSE.

Revenons à ce bal et jugez mieux la chose.

Ce n'est pas un plaisir qu'ici je vous propose;

Mais c'est une démarche, et voyez le grand mal
De passer pour affaire une heure ou deux au bal.
Il faut faire sa cour : voilà comme on prospère ;
Mais vous, de vous placer vraiment je désespère.

DANVILLE.

Eh ! ne me placez pas, madame, laissez-moi
Heureux avec la foule y vieillir sans emploi.
J'y suis libre ; il vaut mieux, receveur des plus minces,
Toucher ses revenus que ceux de dix provinces ;
Et je ne veux pas, moi, pour me hausser d'un cran,
Vendre ma liberté cent mille écus par an.

HORTENSE.

Eh bien, comme au spectacle allez à cette fête ;
Pour moi, là, voulez-vous ? Venez, j'en perds la tête :
Que d'objets, que de gens inconnus jusqu'alors !
Tous les ambassadeurs, des maréchaux, des lords,
Des artistes, la fleur de la littérature ;
Des femmes ! Quel éclat, quel goût dans leur parure !
Dieu ! les beaux diamans !... Et c'est ce soir, j'irai,
Oui, j'irai, nous irons, monsieur... ou j'en mourrai.

DANVILLE.

Non, vous n'en mourrez pas, et vous verrez, ma chère,
Qu'on peut avec Bonnard, bien qu'il ne danse guère,

Passer le soir gaîment, sans façon, sans apprêts,
Souper même au besoin, et vivre encore après.

HORTENSE.

Voulez-vous sans pitié chagriner votre Hortense?
Me tiendrez-vous rigueur?... Eh! quelle est mon offense?
Moi, qui n'ai fait qu'un vœu, celui de vous revoir,
Faut-il en arrivant me mettre au désespoir?
Avec monsieur Bonnard ai-je été trop méchante?
Jamais je ne veux l'être; il me plaît, il m'enchante,
Je l'aime, il m'aimera, je lui ferai ma cour;
Mais pas ce soir, oh non! plus tard, un autre jour,
Demain... c'est arrangé, vous acceptez l'échange:
Danville, mon ami, mon cher époux, mon ange,
Soyez bon, grâce, allons, cédez...

DANVILLE, avec effort.

Non, je ne puis.

HORTENSE, en pleurant.

Que je suis malheureuse! ô ciel! que je le suis!

DANVILLE, attendri.

Elle pleure, ah! mon Dieu!

HORTENSE, hors d'elle-même.

C'est un acte arbitraire;
C'est une tyrannie, et je dois m'y soustraire.

Je me révolte enfin ; vous croyez sans raison

Dans votre hôtel désert me garder en prison ;

Non : avec votre ami vous serez seul à table.

Non, non : je le déteste, il m'est insupportable ;

Mais entre deux époux le pouvoir est égal.

Restez, monsieur, ma mère est invitée au bal ;

Une fille est au mieux sous l'aile de sa mère,

Et j'irai malgré vous au bal du ministère,

Et j'irai de bonne heure, et j'en reviendrai tard,

Et je ne verrai pas votre monsieur Bonnard,

Et vous ne pourrez pas m'enterrer toute vive

Dans l'ennuyeux souper d'un si triste convive.

DANVILLE, en fureur.

Vous irez, dites-vous, malgré moi vous irez.

Je vous le défends.

HORTENSE.

Bon !

DANVILLE.

Nous verrons.

HORTENSE.

Vous verrez.

DANVILLE.

Madame, pensez-y : l'ordre est irrévocable ;

De supplications il se peut qu'on m'accable...

HORTENSE.

Non, monsieur.

DANVILLE.

Mais, dût-on m'implorer à genoux,
Ni prières, ni pleurs, n'obtiendront rien pour vous.

HORTENSE.

Oh ! le méchant mari !

DANVILLE.

Fi ! l'affreux caractère !
Dans mon appartement courons fuir sa colère. .

HORTENSE.

Allez : loin d'un tyran qui me veut opprimer,
Dans le mien, comme vous, je cours me renfermer.
Adieu, monsieur !

DANVILLE.

Adieu ! respectez ma défense.
(Après une pause.)
L'agréable entrevue après deux mois d'absence !

FIN DU SECOND ACTE.

ACTE TROISIÈME.

SCÈNE PREMIERE.

HORTENSE, à un domestique qui la suit.

Retournez vers monsieur.
(Le domestique sort.)
Il veut m'entretenir,
Et par ambassadeur il m'en fait prévenir.
Qu'il vienne; je suis prête. Il s'attend à des larmes;
Mais il va pour le bal me trouver sous les armes.
J'ai tout dit à ma mère avec sincérité;
Elle a mis comme moi les torts de son côté.
Ces fleurs sont de bon goût... il me traite en esclave.
Il croit m'intimider; faux calcul : je suis brave.
Je ne céderai pas. Courage ! le voici.

SCÈNE II.

HORTENSE, DANVILLE.

DANVILLE, dans le fond.

La brillante toilette ! et qu'elle est bien ainsi !...
(Il s'approche.)
A me désobéir vous êtes décidée,
Hortense, je le vois.

HORTENSE.

Chacun a son idée ;
La vôtre est de rester, la mienne est de sortir.

DANVILLE.

Vous n'avez nul remords ?

HORTENSE.

Qui, moi ! nul repentir.

DANVILLE.

Un reste de dépit vous rend presque hautaine.

HORTENSE.

Du dépit ! du dépit ! dites mieux : de la haine.

DANVILLE.

Ah ! c'est aller bien loin.

HORTENSE.

Non, monsieur, j'ai pour vous...
(A part.)
Je ne m'attendais pas à le revoir si doux.

DANVILLE.

J'ai long-tems réfléchi depuis notre querelle.

La colère à votre âge est assez naturelle ;

Mais au mien la raison doit parler sans fureur :

La raison qui s'emporte a le sort de l'erreur.

Ma justice à vos yeux tiendrait de la vengeance ;

Je me punirai seul, et c'est par votre absence.

Goûtez un plaisir pur, puisqu'il sera permis ;

Allez au bal, allez, et soyons bons amis ;

Voulez-vous ?

HORTENSE.

Mais...

DANVILLE.

Allez seule avec votre mère...

Elle a dû, comme vous, me trouver bien sévère :

Contre deux ennemis je n'avais pas beau jeu ;

Avez-vous dit de moi beaucoup de mal ?

HORTENSE.

Un peu.

DANVILLE.

Vous n'en penserez plus, et cela me console.

S'il a pu m'échapper un ordre, une parole,

Un regard qui vous blesse, il faut tout oublier.

J'ai mon excuse aussi : Bonnard est singulier,

D'accord; mais, quand d'un ton qu'il ne méritait guère,

Sur des travers légers vous lui faisiez la guerre,

C'était à l'instant même, où, malgré son effroi,

En me rendant service, il s'exposait pour moi.

HORTENSE.

Comment?

DANVILLE.

C'est un secret.

HORTENSE.

      C'est un secret? ah! dites,

Dites, j'oublierai tout.

DANVILLE.

      Ces brillans parasites

Que ma table nourrit à vous conter des riens,

Vivent à mes dépens, et lui, m'oblige aux siens.

Mon fils dans ses calculs a manqué de sagesse;

J'aurais dû le prévoir; mais tout à ma tendresse,

Laissant sa jeune tête agir à l'abandon,

Pour vous j'ai compromis sa fortune et mon nom.

Sans argent, grace à vous, Hortense, que serait-ce,

Si Bonnard n'eût prêté... peut-être sur sa caisse ?
De tous les receveurs, Bonnard le plus craintif,
Bonnard dont sur ce point l'honneur est si rétif,
D'un courage héroïque a vaincu son scrupule.
Il a sauvé mon fils !.... est-il si ridicule ?

HORTENSE.

Non, non, de mes amis, aucun n'eût fait cela ;
Plus que tous leurs discours j'admire ce trait-là.
Il n'est pas de bon mot qui vaille un bon office ;
Mais votre femme aussi peut faire un sacrifice.
Ce bal où sous vos yeux je dansais en espoir,
Ce bal, il fut huit jours mon rêve chaque soir,
Huit jours, à mon réveil, ma première pensée :
Eh bien ! je n'irais pas, quand j'y serais forcée !
C'en est fait, votre ami lui sera préféré.

DANVILLE.

Vous aurez ce courage, est-il vrai ?

HORTENSE.

Je l'aurai.

Adieu tous mes projets, je reste sans murmure,
Et pour monsieur Bonnard je garde ma parure.
Je reste avec plaisir. Tout-à l'heure à vos yeux
J'étais bien, n'est-ce pas ? Maintenant je suis mieux.

J'en suis sûre.

DANVILLE.

Ah! cent fois!

HORTENSE.

M'aimez-vous ?

DANVILLE.

Je t'adore.

HORTENSE.

Mes torts étaient bien grands.

DANVILLE.

Les miens plus grands encore.

HORTENSE.

A vos ordres jamais je ne veux résister.

DANVILLE.

Non, jamais contre toi je ne veux m'emporter.

HORTENSE.

Loin de nous ces débats qui troublent les ménages.

DANVILLE.

Les racommodemens ont bien leurs avantages.

HORTENSE.

Mon ami !

DANVILLE.

Chère Hortense !

HORTENSE.

Au fond, convenez-en,
Vous défendez Bonnard en zélé partisan,
Et vous avez raison, puisqu'il vous rend service ;
Mais vous traitez le Duc avec moins de justice.

DANVILLE.

Pour moi, je me crois juste et juste au dernier point.

HORTENSE.

Moi, je crois entrevoir que vous ne l'êtes point.

DANVILLE.

C'est qu'à vingt ans, Hortense, on juge à la légère.

HORTENSE.

C'est que plus tard, Danville, on est par trop sévère.

DANVILLE.

Vous pourriez vous tromper.

HORTENSE.

Je puis avoir raison.

DANVILLE.

Je n'en crois rien.

HORTENSE

C'est sûr.

DANVILLE.

Non pas.

HORTENSE.

Mais si.

DANVILLE.

Mais non.

HORTENSE.

Je soutiens....

DANVILLE.

Arrêtez! eh quoi! notre querelle
Pour Bonnard et le Duc déjà se renouvelle.

HORTENSE.

Oui, parlons sans humeur : faut-il, pour aimer l'un,
Quand l'autre vous sert bien, le trouver importun?

DANVILLE.

Oh ! c'est tout différent; l'un a mon âge, et l'autre....

HORTENSE.

Eh bien ! achevez donc.

DANVILLE.

Eh bien ! il a le vôtre.
Pardonnez : mon amour est étrange, et je sens
Que le tems, la raison sont des freins impuissans,
Que le cœur d'un vieillard, en proie à cette ivresse,

Cède à tous les transports d'une aveugle tendresse.

Quand on aime avec crainte, on aime avec excès.

Jeune, on sent qu'on doit plaire, on est sûr du succès ;

Mais vieux, mais amoureux au déclin de sa vie,

Possesseur d'un trésor que chacun nous envie,

On en devient avare, on le garde des yeux.

Comment voir cet essaim de rivaux odieux,

Parés de leur bel âge et des charmes funestes

Dont chaque jour qui fuit nous vole quelques restes,

Sans se glacer le cœur par la comparaison,

Sans voir ses cheveux blancs, sans perdre la raison !

Je ne suis pas jaloux ; mais je sais me connaître.

Celui qui vous arrache, en vous lassant peut-être,

Un regard, un sourire, un instant d'entretien,

Me semble un ennemi qui me ravit mon bien.

J'aime plus, tout le dit ; ma crainte en est le gage ;

Mais que me sert d'aimer, s'il vous plaît davantage ?

Je dois trembler, je tremble.... hélas ! voilà mon sort :

Voilà pourquoi le Duc me chagrine si fort.

Il offusque ma vue, il me pèse, il me gêne.

Je sens qu'à son aspect je me contiens à peine

Je sens qu'un mot amer, qui vient me soulager,

En suspens sur ma langue est prêt à me venger.

Je me maudis, j'ai tort ; c'est faiblesse ou délire,

C'est ce qu'il vous plaira ; je souffre, et je désire,
Non pas que votre amour, mais que votre amitié,
Qui connaît mon supplice, en ait quelque pitié.

HORTENSE.

Que votre modestie à vous-même est cruelle !
Croyez qu'avec raison je murmure contre elle.
Ces rivaux, où sont-ils ? que produiraient leurs soins ?
Soyez juste envers vous, et vous les craindrez moins.
Est-il quelqu'un d'entre eux qu'avec plaisir j'écoute ?
C'est que de votre éloge il m'entretient sans doute,
Et cet air d'intérêt, dont vous êtes jaloux,
N'est qu'un remercîment du bien qu'on dit de vous.
Vous entendre louer me rend heureuse et fière ;
Mais pourquoi des grandeurs nous fermer la carrière ?
Laissez un peu d'éclat publier mon bonheur :
De vous, de vos talens, je veux me faire honneur,
Et vous prouver que, juste autant qu'il est sincère,
Ce n'est pas par devoir que mon cœur vous préfère.

DANVILLE.

N'employez pas le Duc, et.... je consens à tout.

HORTENSE.

Voyez donc ce monsieur qu'on reçoit bien partout ;
Oui, ce premier commis ; son crédit peut suffire :

Mais chez lui, dès ce soir, allez vous faire écrire.

DANVILLE.

Hortense, tu le veux?

HORTENSE.

Non, je ne le veux pas,
Non... Mais, je vous en prie.

DANVILLE.

Ah! j'y cours de ce pas...
Et Bonnard que j'attends; je ne sais qui l'arrête;
S'il arrivait!

HORTENSE.

Partez; moi, je lui tiendrai tête:
Je vais, par le collége, entamer l'entretien;
Il ne s'ennuîra pas.

DANVILLE.

Je cours et je revien.
Après une querelle, il est doux de s'entendre,
Et le débat fini rend l'amitié plus tendre.

SCÈNE III.

HORTENSE.

Le sacrifice est fait ! En suis-je triste ? Oh ! non.

Il me coûtait un peu ; mais Danville est si bon !...

Cette fête, à vrai dire, était très-séduisante.

Dans tous ses agrémens je me la représente :

Pour danser c'est à moi que le Duc eût songé ;

Les dames de la cour en auraient enragé !

Quel plaisir ! quel triomphe ! Au fait, c'est bien dommage !

Pour plaire aux deux amis écartons cette image.

Je les verrai contens ; si je ris, ils riront,

Et j'attends mon plaisir de celui qu'ils auront.

UN DOMESTIQUE.

Le Duc fait demander si madame est visible.

HORTENSE.

Oui, qu'il entre. Ah ! mon dieu ! voici l'instant terrible !

SCÈNE IV.

HORTENSE, LE DUC.

LE DUC.

Le soin qui me ramène est bien intéressé,

Madame; dans le doute où vous m'avez laissé,

Je n'ai rien vu ce soir qu'avec indifférence.

Invité chez le fils d'un de nos pairs de France,

J'y fus d'un long dîner le triste spectateur;

Les heures se traînaient avec une lenteur!...

Plein d'une seule idée où l'esprit s'abandonne,

Soi-même l'on s'oublie, on n'est plus à personne;

Il a fallu céder, et bientôt du salon

Je me suis échappé comme on sort de prison.

Mais quels charmans apprêts! quel goût!... Cette parure

Pour mon vœu le plus cher est d'un heureux augure.

HORTENSE.

Hé non! monsieur le Duc, ne comptez pas sur moi.

LE DUC.

Comment? Se pourrait-il! Vous restez?

HORTENSE.

Je le doi.

LE DUC.

Mais ne devez-vous pas tenir votre promesse ?
Ne l'ai-je pas reçue, et quand ma voix vous presse
De remplir un devoir, que je crus un plaisir,
N'est-elle plus d'accord avec votre désir ?

HORTENSE.

Que ne m'est-il permis de le prendre pour guide ?
Mais non, monsieur Danville autrement en décide.

LE DUC.

Ah ! pouvez-vous m'apprendre avec cet air léger
Un refus qui m'étonne et qui doit m'affliger ?
Madame, pour fixer votre choix en balance,
Je vois qu'on vous a fait bien peu de violence.
Pourquoi m'avoir déçu par un espoir si doux ?
La perte, j'en conviens, est légère pour vous :
Un triomphe nouveau, des honneurs, des hommages
Sont à peine à vos yeux de faibles avantages ;
Pour vous, par l'habitude, ils ont perdu leur prix ;
Mais quand il s'est flatté d'éblouir tout Paris,
Un maître de maison, dans son jour de conquête,
Perd beaucoup en perdant l'ornement de sa fête,
Et pour moi, le plaisir que je laisse en partant
Me rend presqu'insensible à celui qui m'attend.

HORTENSE.

C'est trop vous alarmer, monsieur, et mon absence
N'aura pas, croyez-moi, cette triste influence.

LE DUC.

Vous vous trompez, madame, et vous seule ignorez
A quels regrets mortels vous nous condamnerez.
La modestie, au fond, a son côté blâmable.
On ne sait pas souvent combien l'on est coupable ;
Vous le serez beaucoup si vous me résistez.
Qui nous rendra ce soir ce que vous nous ôtez ?
Eh ! ne suffit-il pas d'une seule personne
Pour embellir au bal tout ce qui l'environne ?
Elle arrive, à sa vue on est moins exigeant,
Et le cœur satisfait rend l'esprit indulgent.
L'amusement succède au dégoût qui m'accable ;
L'homme qui m'ennuyait devient un homme aimable.
Elle part, c'en est fait, tout le charme est détruit,
Rien n'est plus à mon gré, je n'entends que du bruit.
Vingt autres, direz-vous, sont aimables et belles....
On l'ignorait, madame ; a-t-on des yeux pour elles ?
On n'en avait vu qu'une, et, ce moment passé,
Il semble, au vide affreux qu'elle seule a laissé,
Que l'assemblée entière en un instant s'écoule :
On est dans le désert au milieu de la foule.

HORTENSE.

Si je pouvais vous croire, au moins je m'en voudrais;
Mais vous ne doutez pas du plaisir que j'aurais.

LE DUC.

Venez.

HORTENSE.

N'insistez pas.

LE DUC.

Vous viendrez...

SCÈNE V.

LES PRÉCÉDENS, Madame SINCLAIR.

LE DUC, à madame Sinclair.

Ah! madame,
Veuillez me seconder, il le faut, je réclame
Pour mon oncle, pour moi, pour tous ceux qu'aujourd'hui
L'attrait d'un grand plaisir doit attirer chez lui.

Madame SINCLAIR.

Mais je ne pense pas que ma fille refuse.

HORTENSE.

Monsieur fera, j'espère, agréer mon excuse.

Madame SINCLAIR.

C'est triste : à te parer j'avais pris tant de soin !

Chez soi de tant d'éclat n'avoir qu'un seul témoin !

On eût dit : quelle est donc cette belle personne

Qui fixe tous les yeux, que la foule environne ?

C'est ma fille, monsieur !... chacun de te vanter ;

Le ministre à son tour vient me complimenter...

Mais ton mari prononce, alors je me récuse :

Une grand'mère est faible et son amour l'abuse.

Je reste, si tu veux. ●

LE DUC.

Ah ! que deviendrons-nous ?

(A madame Sinclair.)

Que fera la princesse ? Elle comptait sur vous.

Pour elle votre esprit doit se mettre en dépense :

J'ai dit, pardonnez-moi, j'ai dit ce que je pense,

C'est que vous conversez avec un abandon,

Un choix de mots, un charme, oh ! chez vous c'est un don !

Elle vient pour vous voir, elle veut vous connaître ;

Mais de la prévenir il serait tems peut-être ?

Madame SINCLAIR.

Non pas, monsieur le Duc, oh ! non, je vous en veux

De m'avoir compromise avec de tels aveux.

Une princesse ! ô dieu ! ma fille, une princesse !

HORTENSE.

Oui, je sens bien....

Madame SINCLAIR.

Rester tient de l'impolitesse.

LE DUC, à madame Sinclair.

Et puis je vous préviens que le vieux chevalier
Vous appelle au piquet en combat singulier.
Ah! c'est un beau joueur, un joueur admirable :
Sitôt qu'il est assis on fait cercle à sa table.
C'est l'homme du piquet, enfin, sous le soleil,
Pour les quatre-vingt-dix il n'a pas son pareil.

Madame SINCLAIR.

J'espère que monsieur me fait l'honneur de croire
Qu'on pourra quelque tems disputer la victoire!

LE DUC.

Il est bien fort.

Madame SINCLAIR, à Hortense.

Pourtant juge, examine, voi,
C'est pour toi que j'y vais, je n'y vais que pour toi.
Si ton mari s'obstine, en femme bien soumise...

HORTENSE.

A vous suivre, il est vrai, Danville m'autorise,
Et tout-à-l'heure encore il vient de m'inviter....

LE DUC.

Plus d'obstacle à présent.

Madame SINCLAIR.

Qui peut donc t'arrêter,

S'il te l'a permis ?

HORTENSE.

Mais....

LE DUC.

L'agréable soirée !

Je vous vois par mon oncle accueillie, admirée.

A votre aspect s'élève un murmure soudain ;

Les cavaliers en foule assiégent votre main ;

Tout danse et se confond au bruit de la musique :

Les grâces de la cour, l'orgueil diplomatique,

La banque, l'institut, et jusqu'aux facultés,

Jusqu'aux fleurons d'argent des graves députés !

Mais c'est peu, vous verrez : quel champ pour la satyre !

Ce ténébreux auteur dont vous aimez à rire,

Qui, perdu dans un bal, promène tristement,

Sous un long frac anglais, son grand air allemand,

Semble de se voir là s'adresser des excuses,

Et ne danse jamais par respect pour les muses ;

Ce savant, qui pour vous déridant son front sec...

HORTENSE.

Un jour sur mon album écrivit un mot grec ?

LE DUC.

Et le gros général qui rit bien comme trente.
Par malheur sa gaîté suit le cours de la rente ;
Je n'en répondrais pas ; mais sans lui nous rirons.
Pour des originaux, ma foi, nous en aurons ;
Tout Paris y sera, jugez !... Dans le grand monde,
Si l'esprit est commun, le ridicule abonde.
Vos bons mots vont courir, et, répétés cent fois,
Feront vivre les sots défrayés pour un mois,
Et la ville et la cour diront que tant de charmes,
Bien qu'ils soient tout puissans, sont vos plus faibles armes.

HORTENSE.

A m'amuser beaucoup comme vous je pensais,
J'en conviens ; mais prétendre à de si grands succès !

LE DUC.

Près des femmes ! oh ! non ! redoutez leur colère :
On ne vante jamais que ceux qu'on ne craint guère.
Que de dames ce soir vont mourir de dépit !

HORTENSE.

Vous croyez ?

LE DUC.

J'en suis sûr. Nos beautés en crédit

Ne pourront sans fureur vous céder la victoire;

Mais beaucoup d'ennemis prouvent beaucoup de gloire;

A force de succès on s'en fait tant qu'on peut,

Vous en aurez bon nombre, et n'en a pas qui veut.

Venez.

HORTENSE.

Si par un mot j'avertissais Danville?

LE DUC.

Ah! quelle heureuse idée!

Madame SINCLAIR.

Et quoi de plus facile?

(Faisant asseoir Hortense auprès d'une table, et arrangeant sa coiffure
pendant qu'elle écrit.)

Peins-lui ton embarras, le mien, en ajoutant

Que tu ne veux d'ici t'absenter qu'un instant.

LE DUC.

Entre les candidats le ministre balance.

Madame SINCLAIR.

Il est très-important de voir Son Excellence.

HORTENSE, en écrivant.

Il n'aura pas le tems d'en prendre du chagrin,

Nous allons revenir.

(A Madame Sinclair.)

Valentin.

Madame SINCLAIR.

Valentin !

SCÈNE VI.

Les précédens, VALENTIN.

VALENTIN.

Que vous plaît-il, madame?

Madame SINCLAIR.

Un billet qu'il faut rendre.

VALENTIN.

A qui?

Madame SINCLAIR.

C'est à Monsieur.

VALENTIN.

Je ne saurais comprendre...

Où donc, madame?

Madame SINCLAIR.

Ici.

VALENTIN.

Que lui dirai-je?

Madame SINCLAIR.

Rien.

HORTENSE, remettant la lettre.

Je n'ose examiner si je fais mal ou bien.
Partons vite ou je reste.

SCÈNE VII.

VALENTIN, seul.

    Ils s'en vont, on l'entraîne.
Monsieur seul avec moi va faire quarantaine ;
Mais gare la tempête, il pourra s'en fâcher.
Les voilà descendus, et puis fouette cocher.
Ils sont, ma foi, partis. Une lettre, c'est drôle ;
Monsieur, à mon avis, joue un singulier rôle.
En vain pour tout saisir j'ai l'esprit à l'affût :
Quand il était au Hàvre, où je voudrais qu'il fût,
Et que madame ici faisait sa résidence,
Je concevais entr'eux une correspondance ;
Mais dans le même hôtel, pouvant au coin du feu...
Ces courses là du moins me fatigueront peu.

SCÈNE VIII.

DANVILLE, VALENTIN.

DANVILLE, s'essuyant le front.

Te voilà, Valentin, tiens, vois, je suis en nage !
Fais-moi donc souvenir que j'ai mon équipage ;
J'y pense quand je rentre, et vraiment je suis las.
(Il s'assied.)

VALENTIN.

Vous vous fatiguez trop.

DANVILLE.

Hein ! quand j'étais là bas,
Que j'arrivais le soir après ma promenade,
Souvent tu m'as surpris bien triste, bien maussade.
Pourquoi? j'étais garçon; j'ai ma femme aujourd'hui;
Elle est là; loin de moi la tristesse et l'ennui !

VALENTIN.

Il me fait de la peine.

DANVILLE.

En crois-tu tes présages?
Pour ma femme et pour moi quels chagrins! que d'orages!
(Il se lève.)
Pauvre fou ! grâce au ciel, tu n'as pu m'effrayer;

Je cours rejoindre Hortense, elle va m'égayer.
Guéri des visions qui te troublaient la tête,
Sens-tu qu'un vieux corsaire est un mauvais prophète?

VALENTIN.

Monsieur.

DANVILLE·

Qu'est-ce?

VALENTIN.

Une lettre.

DANVILLE.

Ah! donne, et tu la tiens?

VALENTIN.

De Madame.

DANVILLE.

(Il lit.)
Comment? qu'ai-je appris? va-t-en, viens.
(Froidement.)
Madame est donc sortie?

VALENTIN.

Oui, monsieur.

DANVILLE.

Et sa mère?

VALENTIN.

Oui, monsieur.

DANVILLE.

Et le Duc!

VALENTIN.

Oui, monsieur.

DANVILLE.

La colère,
La surprise.... est-il vrai? je demeure interdit!
Laisse-moi. Se peut-il ?

(Il tombe dans un fauteuil.)

VALENTIN.

Je vous l'avait bien dit
Qu'un jour...

DANVILLE, furieux.

Va-t-en. Le sot!

DANVILLE, puis VALENTIN.

A peine je la quitte,
Qu'avec le Duc, le Duc dont le nom seul m'irrite,
Elle qui tout à l'heure.... Ah! que de fausseté!
Et qui donc l'y forçait? quel prix de ma bonté!
Quand j'avais tout permis, céder sans résistance,
Et m'éloigner exprès... Hortense! ô ciel! Hortense,
Qui semblait s'attendrir en me voyant heureux...
Je ne l'aurais pas cru, c'est bien mal, c'est affreux!

Et sa mère!... ah ! morbleu ! quand une vieille femme

Aime encor les plaisirs, pour eux elle est de flamme.

Je dois, je dois punir tant de légèreté ;

Courons à cette fête où je suis invité.

En galans procédés vous êtes un grand maître,

Monsieur le Duc; eh bien ! vous allez me connaître.

On trouve à qui parler, quand on s'adresse à moi.

J'irai, je le verrai, je veux lui dire.... Eh ! quoi ?

Que je viens.... moi jaloux ! non, cette frénésie

N'a point part aux transports dont mon âme est saisie.

Je ne suis pas jaloux ; ma femme est jeune encor,

Je veux l'accompagner pour qu'elle ait un mentor,

Par simple bienséance. Oui, quelqu'un! qu'on s'empresse!

Mon habit!

VALENTIN.

Quoi, monsieur?

DANVILLE.

Obéis et me laisse.

VALENTIN.

Où voulez-vous aller ?

DANVILLE.

Je veux... je vais... je sors.

Obéis.

VALENTIN.

Il est tard : que ferez-vous dehors ?

DANVILLE.

(Valentin sort.)

Ah ! je te chasserai..... C'est vrai, que vais-je faire ?

Un éclat ! non , sans doute. Amant sexagénaire ,

Suivant ma femme au bal d'un pas mal affermi ,

J'y vais pour l'épier, j'y vais en ennemi ,

Et là , comme un fantôme errant avec tristesse ,

J'y vais troubler ses jeux et glacer son ivresse.

Pauvre Hortense ! elle est jeune, est-ce un crime à mes yeux ?

Peut-elle se vieillir parce que je suis vieux ?

A sa suite aujourd'hui si le dépit m'entraîne ,

J'irai demain , toujours , et toujours à la chaîne ;

Plus esclave cent fois , cent fois plus inquiet ,

Rongé de plus d'ennuis qu'au tems , où l'intérêt

Tenait à ses calculs ma jeunesse asservie ,

Je vais à soixante ans recommencer ma vie !....

Allons , Danville , allons , sois homme ; il faut rester.

(Valentin rentre.)

Au fait sa mère est là , que puis-je redouter ?

(Il met son habit.)

Je reste. Prouvons-lui qu'on peut se passer d'elle.

Mon chapeau !... Des amis Bonnard est le modèle !

On nous laisse, tant mieux ! nous serons entre nous.

Nous rirons, et déjà je suis... je suis jaloux !

Je ne puis résister au démon qui m'obsède :

Il maîtrise mes sens, il me conduit, je cède.

Adieu donc pour toujours ma chère liberté !

Bonheur que j'ai connu, repos et dignité,

Adieu ! je n'en crois plus ni pitié, ni scrupule.

Soyons, c'est mon destin, soyons donc ridicule,

J'y consens ; mais du moins échappons au tourment

De douter, de trembler, de mourir lentement :

Ce supplice est horrible.

VALENTIN.

Il a perdu la tête.

DANVILLE.

Qu'il finisse ; partons. Ma voiture !

VALENTIN.

Elle est prête.

DANVILLE, rencontrant Bonnard.

Ah ! courons. Ciel !

SCÈNE IX.

LES PRÉCÉDENS, BONNARD.

BONNARD, gaîment.

C'est moi, mon cher, je viens souper.
Il est tard ; de ton fils j'avais à m'occuper.
De plus je viens à pied, n'ayant pas de carrosse,
Et, ma foi... mais, dis donc, c'est ton habit de noce ;
Quel honneur !

DANVILLE.

Ah ! pardon !...

BONNARD.

Je n'y vois aucun mal ;
Je te trouve, mon cher.

DANVILLE.

Mais ma femme est au bal,
Et.....

BONNARD.

Tu restes pour moi, c'est d'un ami fidèle.

DANVILLE.

J'allais la chercher.

BONNARD.

Bon ! quelqu'un est avec elle ;

Il la ramènera.

DANVILLE.

Non pas, non pas..

BONNARD.

Pourquoi?

Serais-tu donc jaloux quand ta femme est sans toi?

DANVILLE.

Non, certe.

BONNARD.

Eh bien! alors, quelle mouche te pique?
Tu m'étonnes, tu vas, tu viens, et, c'est unique,
Tu n'as pas l'air content de me voir.

DANVILLE.

Dieu! Bonnard,
Je suis heureux, ravi, mais je... tu viens si tard!
Excuse moi, vois-tu.... cette fête est charmante,
Et je voudrais.... pardon, c'est une envie ardente
Que j'ai... j'aime le bal, un bal fait mon bonheur!
Tu comprends.

BONNARD.

Pas du tout.

DANVILLE.

Un bal de grand seigneur,

C'est si gai ! cet éclat, ce bruit, cette jeunesse....
Si fait, ce cher Bonnard , il comprend mon ivresse,
Il l'excuse, il permet...

BONNARD.

Oh ! ne badinons pas.

DANVILLE.

Je n'irai qu'un moment.

BONNARD.

Je te tiens par le bras.

DANVILLE.

Viens avec moi.

BONNARD.

Tu sais que ce plaisir m'assomme ;
Si j'étais comme toi, si j'étais un jeune homme ,
D'accord, mais entre nous ton goût met quarante ans.
Qui diable aurait prévu ce nouveau contre-tems ?
Joseph est au spectacle avec ma gouvernante ;
Il te prend pour la danse une ardeur surprenante ,
Des retours impromptu dont je suis alarmé.
Chez moi je n'ai personne et tout est enfermé.
Je suis sur le pavé , mon souper m'embarrasse.
Quand on dîne le soir , comme toi, l'on s'en passe ;
Mais moi....

DANVILLE.

Du célibat fais l'éloge à présent !

BONNARD.

Oui-dà, le mariage est bien plus amusant.
(le rappelant.)
Cours donc, va danser... Ah !... que voulais-je te dire !
Je ne m'en souviens plus... M'y voilà, je désire
Que tu dînes chez moi. Quel est ton jour ?

DANVILLE.

Le tien.

BONNARD, le retenant.

Voyons, il faut choisir : veux-tu mardi ?

DANVILLE.

C'est bien.

BONNARD, le rappelant.

Ah !

DANVILLE.

Quoi ?

BONNARD.

Ma gouvernante aimera mieux la veille.

DANVILLE.

Bon.

BONNARD.

Attends donc ! Sais-tu mon adresse ?

DANVILLE.

A merveille.

Adieu.

BONNARD, le rappelant.

Danville !

DANVILLE.

Encor ! Parle.

BONNARD, après une pause.

Bien du plaisir.

(Danville sort à grands pas ; Bonnard le suit lentement en levant les épaules.)

SCÈNE X.

VALENTIN, qui les observait, appuyé sur un fauteuil.

Vieux mari, vieux garçon, si j'avais à choisir,
Je... Ma foi ! j'ai bien fait d'entrer jeune en ménage ;
Avec les mêmes goûts on arrive au même âge.
Ma femme a son humeur, j'ai su m'y faire, enfin
Quand j'ai sommeil, je dors, et soupe quand j'ai faim.

FIN DU TROISIÈME ACTE.

ACTE QUATRIÈME.

SCÈNE PREMIÈRE.

HORTENSE, Madame SINCLAIR.

Madame SINCLAIR.

Non, je ne puis, Hortense, approuver tes manières,
A peine te montrer, revenir des premières !

HORTENSE.

C'est qu'avant d'être au bal j'avais senti mes torts.

Madame SINCLAIR.

Il est une heure au plus, on arrive, et tu sors.

HORTENSE.

Trop tard. Il est parti ; pour me chercher, sans doute.
Son premier mouvement est le seul qu'il écoute.
Ma faiblesse à ses yeux tient de la trahison ;
Je vous ai résisté ; n'avais-je pas raison ?
Dieu ! que je me repens de vous avoir suivie !

Madame SINCLAIR.

Certes, je n'ai rien fait pour t'en donner l'envie.

HORTENSE.

A vous accompagner quand le Duc m'engageait,
Il fallait m'affermir dans mon sage projet.

Madame SINCLAIR.

Par exemple, il est bon qu'à présent tu me blâmes.
Eh! ne l'ai-je pas fait? Voilà les jeunes femmes!

HORTENSE.

Qui, moi, vous accuser! Je suis folle aujourd'hui.
Pardon, ma bonne mère; ah! je souffre pour lui.
Que ma légèreté doit lui causer de peine!
Quels chagrins pour tous deux à sa suite elle amène!
Je vois, j'aime le bien, c'est le mal que je fais,
Et qu'une inconséquence a de tristes effets!

Madame SINCLAIR, tendrement.

Hé bien! oui, je conviens qu'en mère de famille
Je devais.... Que veux-tu! je t'aime trop, ma fille.

HORTENSE.

Il ne reviendra pas!...

Madame SINCLAIR.

Mais est-il arrivé?

HORTENSE.

Voilà le dernier coup qui m'était réservé.

Madame SINCLAIR.

Quand on part de bonne heure, on passe, on se faufile :
Mais avec sa voiture, engagé dans la file,
On gèle, on se dépite, et l'on n'avance pas ;
Peut-être dans la rue est-il encore au pas ?

HORTENSE.

Fatigué, malheureux, après un long voyage...
Chaque mot que j'entends me fait perdre courage.
A travers ce chaos que l'on appelle un bal,
Il va pour nous trouver se donner tant de mal !
Rencontrant dans la foule obstacle sur obstacle....

Madame SINCLAIR.

Oui, l'on étouffe un peu, mais c'est un beau spectacle !
Il ne le connaît point ; ma fille, espérons mieux,
Le plaisir qu'il aura va t'absoudre à ses yeux.

HORTENSE.

Je le voudrais.

Madame SINCLAIR.

Dis donc, as-tu vu la princesse,
Et ce vieux chevalier qu'on nous vantait sans cesse ?
J'avais fait dans ma tête, et je voulais lancer

Deux ou trois petits mots que je n'ai pu placer.
Personne....

HORTENSE.

Je le vois, le Duc est seul coupable.

Madame SINCLAIR.

Il ne t'a pas quittée.

HORTENSE.

Il est pourtant aimable.

Madame SINCLAIR.

Le ministre t'a fait un excellent accueil;
Tu n'as pas remarqué qu'il nous suivait de l'œil?

HORTENSE.

Si fait.

Madame SINCLAIR.

Avec mystère il semblait nous sourire.

HORTENSE.

Je le sais.

Madame SINCLAIR.

A Danville, ô Dieu! s'il allait dire...

HORTENSE.

Qu'il est nommé?... mais non, non, je ne crois plus rien.
Le Duc pour m'entraîner a saisi ce moyen.
Danville est là sans guide; il ne connaît personne;
Et comment voulez-vous, mon Dieu, qu'on l'y soupçonne?

Madame SINCLAIR.

Si le Duc le rencontre, il va le présenter.

HORTENSE.

Dieu ! s'ils se recontraient, j'ai tout à redouter :
Fier, et jusqu'à l'excès poussant la violence….

Madame SINCLAIR.

Tu rêves des malheurs qui sont sans vraisemblance.
Allons, viens, je suis lasse et vais me retirer ;
Viens-tu !

HORTENSE.

Non, laissez-moi, j'aime mieux différer,
Je veux revoir Danville.

Madame SINCLAIR.

Allons.

HORTENSE.

Non, je vous prie.

Madame SINCLAIR, avec bonté.

Reste ; mais j'ai ma part de ton étourderie ;
Que ton mari le sache, accuse-moi de tout.
Je sais que pour le monde il va blâmer mon goût.
N'importe, sans humeur je m'avoûrai coupable :
Mais pour peu qu'il te gronde, ah ! je suis intraitable.

SCENE II.

HORTENSE, seule.

A quel frivole espoir mon cœur s'abandonna !
On prévoit un plaisir, c'est un chagrin qu'on a ;
Cet heureux lendemain, qui promettait merveille,
Il arrive, et souvent on regrette la veille.
Cependant cette fête enchantait mes regards,
Je triomphais ; le Duc me montrait tant d'égards !
Que d'esprit ! quelle grace !... il n'était pas possible,
Quand il m'offrait ses soins, d'y paraître insensible.
Et moi j'y répondais... sans doute, eh ! pourquoi pas ?
J'éprouve, en y songeant, un secret embarras.
N'y pensons plus, lisons... mon œil court sur la page,
Sans fixer mon esprit, que trouble une autre image.
De tout ce que j'ai vu le tableau me poursuit ;
De l'orchestre, en lisant, j'entends encor le bruit....
Et Danville ! attendons. Quel tourment que l'attente !
Qu'il tarde à revenir, que cette aiguille est lente !
Par ces mortels délais voudrait-il se venger ?
Souffre-t-il loin de moi ? court-il quelque danger ?
J'entends.... non, je me trompe. Oui, c'est une voiture.
Il vient, il va monter, c'est lui ! je me rassure.
C'est Danville, courons... Le Duc !

SCENE III.

HORTENSE, LE DUC.

LE DUC.

Ah ! pardonnez

Au plus triste de ceux que vous abandonnez.
Je rentrais, et cédant à mon inquiétude,
Je vous trouble à regret dans votre solitude.

HORTENSE.

Monsieur...

LE DUC.

Vous nous fuyez, et sans m'en avertir ;
J'ai cru qu'un mal soudain vous forçait de partir.

HORTENSE, saluant comme pour se retirer.

Aucun, monsieur le Duc, je me sens un peu lasse ;
Rien de plus. Je suis bien, très-bien, je vous rends grace.

LE DUC.

Me voilà rassuré ! je vous quitte.... Et pourtant
Je puis vous confier un secret important.

HORTENSE.

Parlez...

LE DUC.

J'étais porteur d'une grande nouvelle.

J'ai peur d'être indiscret, je vous quitte.

HORTENSE.

Laquelle?

LE DUC.

J'aurais dû, moins zélé, la remettre à demain ;
J'ai craint de différer votre plaisir...

HORTENSE.

Enfin ?

LE DUC.

Il a fallu des soins, et la brigue était forte ;
Mais notre candidat est celui qui l'emporte.

HORTENSE.

Danville !

LE DUC.

Il est nommé.

HORTENSE.

J'avais perdu l'espoir ;
Ah ! que je suis heureuse !

LE DUC.

Et mon oncle, ce soir,
Par le choix qu'il a fait, jaloux de vous surprendre,
Se réservait chez lui l'honneur de vous l'apprendre !
Il m'a remis ce soir, ne vous trouvant plus là,
Et cet heureux brevet, je le tiens, le voilà.

HORTENSE.

Que Danville en rentrant va bénir tant de zèle!...
Car Danville est au bal.

LE DUC.

C'est lui, je me rappelle,
C'est lui que j'ai cru voir; même j'ai fait un pas...
Mais vous m'aviez tant dit que nous ne l'aurions pas.

HORTENSE.

En lisant ce papier, concevez-vous sa joie?
Et ma mère... oh! je veux que ma mère le voie;
Oui, je cours...

LE DUC, vivement.

Arrêtez : vous allez me priver
D'un plaisir qu'à mon tour j'osais me réserver;
Que la nouvelle au moins par vous lui soit transmise,
Quand je pourrai plus tard jouir de sa surprise.

HORTENSE.

Ah! c'est tout naturel, vous défendez vos droits;
(Elle rend le brevet au Duc qui le pose sur la table.)
Mais quels remercîmens nous vous devons tous trois;
Que mon cœur est ému! que je me plais d'avance
A vous entretenir de leur reconnaissance!

LE DUC.

La vôtre me suffit, la vôtre est tout pour moi.

N'ajoutez rien, madame, au prix que je reçoi :
Il est déjà trop grand et je n'en suis pas digne.
De ce peu que j'ai fait mon zèle ardent s'indigne.
Payé d'un mot de vous, puis-je désirer mieux ?
Ou le plaisir que j'ai se peint mal dans mes yeux,
Ou vous devez y lire à quel excès me touche
Un mot reconnaissant qui sort de votre bouche.

HORTENSE.

Si ces remercîmens ont tant de prix pour vous,
Que ceux de mon mari vont vous paraître doux !
Combien son amitié...

LE DUC.

Parlez-moi de la vôtre ;
Près de ce bien si cher je n'en conçois pas d'autre ;
Lui seul il satisfait aux besoins de mon cœur.
Puissé-je l'obtenir cette amitié de sœur !
Moi votre ami, madame ! ah ! fier d'un tel partage,
Que je devrais alors m'estimer davantage !
Votre ami ! quelle gloire et quel charme à la fois
D'en mériter le titre et d'en avoir les droits !
Respectable union, attachement sincère ;
Lien durable et pur que l'estime resserre !
Ah ! loin d'un monde vain où je ris sans plaisir,
Où je flotte incertain de désir en désir,

Que n'aurais-je à gagner dans ce commerce aimable!
Ardent, léger, frivole et quelquefois... coupable,
Je trouverais en vous un guide, un confident
Sage, mais sans rigueur; facile, mais prudent;
Et vous n'auriez en moi qu'un disciple fidèle,
Enchaîné pour la vie aux pieds de son modèle.

HORTENSE.

C'est m'honorer beaucoup; mais ce sublime emploi,
Ce titre de mentor est bien grave pour moi,
Et ce serait, je pense, un folie extrême
De donner des avis dont j'ai besoin moi-même.

LE DUC.

Pourquoi donc? à mon tour, dans nos doux entretiens,
Il me serait permis de hasarder les miens.
Je ne vous vante pas ma raison trop fragile;
Mais le conseil d'un fou parfois peut être utile.

HORTENSE.

Danville, comme nous, n'est pas sage à demi;
Voilà mon vrai mentor, mon guide, mon ami;
En est-il un meilleur?

LE DUC.

                    Comment, je le révère;
Mais... dans son indulgence un vieillard est sévère.

Ses conseils sont fort bons, d'accord ; mais... absolus.
On est moins tolérant pour des goûts qu'on n'a plus.
Au même âge on s'entend, l'un l'autre on se pardonne ;
Dans cet échange égal on reçoit ce qu'on donne.
Votre époux de sa femme est l'orgueil et l'appui ;
Mais que sa jeune épouse est encor plus pour lui !
Quel charme elle répand sur sa triste vieillesse !
Il l'adore, il l'admire, il peut la voir sans cesse ;
Il lui peint ses transports, il n'a pas le tourment
De feindre une froideur que son trouble dément ;
Il peut, sans l'offenser, lui dire : Je vous aime.

HORTENSE, naïvement.

Pourquoi m'en offenser ; je le lui dis moi-même.

LE DUC.

Vous !... Aussi j'admirais ce bonheur mutuel.
Moi seul... étrange effet d'un souvenir cruel !
Pardonnez au désordre où la douleur me plonge ;
Autrefois j'espérai... Cet espoir fut un songe :
Hélas ! je me souviens, troublé par vos aveux,
Qu'un bonheur aussi grand fut permis à mes vœux.

HORTENSE.

À vous, monsieur le Duc ?

LE DUC.

Et l'on me porte envie !
Et le plaisir lui seul semble remplir ma vie !
Doux et triste voyage où je vins me livrer
A l'attrait du poison qui devait m'enivrer !
Ah ! qu'un premier amour a sur nous de puissance !
J'aimai... c'était la grâce unie à l'innocence :
Naïve comme vous, elle charmait sans art.
Votre voix est la sienne ; elle avait ce regard ;
Et sa beauté, la vôtre à mes yeux la rappelle ;
Mais non, plus jeune alors, elle était bien moins belle.
Si sa grâce eût brillé de cet éclat vainqueur,
Aurais-je pu cacher le trouble de mon cœur ?
Mes traits, mes yeux, ma voix, tout jusqu'à mon silence
Eût de ma passion trahi la violence ;
Mais jeune, mais tremblant, la fuyant à regret,
Peut-être moins épris, j'ai gardé mon secret.
Et depuis...

HORTENSE.

Quel motif peut vous forcer encore,
A renfermer l'aveu d'un amour qui l'honore ?

LE DUC.

La peur de l'offenser m'a toujours retenu.

HORTENSE.

Comment?

LE DUC.

Tout mon malheur ne vous est pas connu.

HORTENSE.

Quel nom pour une épouse est plus beau que le vôtre?

LE DUC.

La femme qui m'est chère est l'épouse d'un autre!

HORTENSE.

Ciel!

LE DUC, vivement.

Et juste pourtant, j'estime, j'ai servi
Cet heureux possesseur du bien qui m'est ravi.
Mais celle que j'aimai, je l'aime, je l'adore.
Le feu qui me brûlait aujourd'hui me dévore;
Elle me voit, m'entend, j'ai bravé son courroux;
Oui, je tombe à ses pieds, je vous aime, c'est vous!

HORTENSE.

Se peut-il? vous osez... muette à ce langage,
J'hésite, et doute encor qu'à ce point l'on m'outrage.

LE DUC.

Pardonnez; cet aveu n'eût pas dû m'échapper.
Mais sur vos sentimens j'eus droit de me tromper.

Vous vous plaisiez aux soins que j'aimais à vous rendre;
Votre accueil fut si doux que j'ai pu m'y méprendre.
Non, vous m'aviez compris; non, vous ne croyez pas
Qu'on puisse impunément admirer tant d'appas,
Vous vous faisiez un jeu de me voir misérable;
Ah! je le suis, mais vous, vous seule êtes coupable!

HORTENSE.

Quoi! j'ai pu mériter!... levez-vous, laissez-moi,
Vous remplissez mon cœur de remords et d'effroi.

LE DUC.

De vos feintes bontés mon erreur fut la suite.

HORTENSE.

O juste châtiment de ma folle conduite!
Sortez!

LE DUC.

Ah! pardonnez!

HORTENSE.

Jamais, jamais, sortez !

LE DUC.

Dites-moi...

HORTENSE.

Je vous dis que vous m'épouvantez!
Si Danville... Ah! grand dieu! tous deux seuls! à cette heure....

De honte à son aspect voulez-vous que je meure?

LE DUC.

Pardonnez et je fuis.

HORTENSE.

Mais quel bruit! je l'entends :
Il monte; c'est sa voix, fuyez.... il n'est plus tems.

LE DUC.

Que m'ordonnez-vous?

HORTENSE.

Rien... je ne sais, je frissonne....
Ainsi que la raison la force m'abandonne.

LE DUC.

Calmez-vous.

HORTENSE.

Eh! le puis-je?... ah! si quelqu'amitié....
Si j'en crois vos aveux... de grâce... ah! par pitié...
Monsieur, je me tairai, cachez-vous à sa vue.
Là, là, j'oublierai tout. Ah! vous m'avez perdue.
(Le Duc entre dans le cabinet qui fait face à l'appartement de Danville.)
Mais non, quelle imprudence! il vaut mieux... le voici.

SCENE IV.

DANVILLE, HORTENSE, assise auprès de la table; elle a
saisi un livre qu'elle semble lire.

DANVILLE, à part.

Valentin m'a dit vrai : ce trouble... il est ici.
Vous êtes seule, Hortense?

HORTENSE. (Elle se lève.)

Ah! c'est vous. Je respire....
J'attendais....j'étais là.... je... j'essayais de lire.

DANVILLE.

Ce livre vous émeut, et beaucoup, je le vois.

HORTENSE.

Mais... beaucoup, oui.

DANVILLE.

Donnez : Molière....ah ! je conçois :
Au fait, c'est très-touchant.

HORTENSE.

Non, j'avais pris ce livre,
Je ne le lisais pas, je parcourais... sans suivre.

DANVILLE.

J'entends, et pour vous voir personne n'est venu?

HORTENSE, vivement.

Le ministre avec vous s'est-il entretenu?

DANVILLE.

Il ne m'a point parlé. Mais ce trouble m'étonne.

HORTENSE.

Ah! ce n'est rien, non c'est....

DANVILLE.

Il n'est venu personne?

HORTENSE.

C'est que l'esprit frappé de vous savoir absent....
Je m'en inquiétais.

DANVILLE.

J'en suis reconnaissant;
Oui, c'est moi qui vous trouble.

HORTENSE.

Hélas! je dois vous craindre:
De moi je le sens bien vous avez à vous plaindre.

DANVILLE.

Pas du tout: en esclave à vous suivre réduit,
Captif dans un carrosse un bon quart de la nuit,

Coudoyé dans un bal, épuisé, hors d'haleine,
Je rentre au désespoir d'une recherche vaine.
Mon dieu ! c'est moins que rien.

HORTENSE.

Vous êtes irrité ;

Accablez-moi, c'est juste, et je l'ai mérité.

DANVILLE.

Votre duc ! il m'a vu, mais sans me reconnaître ;
Vous n'étiez plus présente, il a dû disparaître.

HORTENSE, prenant le brevet sur la table.

J'y songe ! Ah ! mon ami... quoi, j'ai pu l'oublier !
Le Ministre... lisez.

DANVILLE.

Quel est donc ce papier ?

(Il lit.)

(A part.)
La preuve est dans mes mains, je tremble de colère.
Et qui vous l'a remis ?

HORTENSE, timidement.

Le Duc.

DANVILLE.

Au bal ?

HORTENSE.

J'espère

Qu'avec plus de chaleur on ne peut vous servir.

DANVILLE.

Au bal ?

HORTENSE.

Cette nouvelle aurait dû vous ravir.

Et...

DANVILLE, avec violence.

C'est au bal ? Le Duc ! ... ma fureur se réveille ;

Là, cent propos cruels ont blessé mon oreille.

Il ne vous quittait pas, vous suivant, vous parlant ;

Il affichait pour vous un amour insolent,

Et fort de ma vieillesse...

HORTENSE, effrayée.

Ah ! songez que nous sommes...

DANVILLE.

(Élevant la voix.)

Tous deux seuls !...Je le tiens pour le dernier des hommes.

HORTENSE.

Monsieur !

DANVILLE, élevant la voix.

Pour un faux brave.

HORTENSE.

Ah ! monsieur !

DANVILLE, de même.

                              Que ce bras
Peut châtier encor...

HORTENSE, qui se tourne involontairement vers le cabinet.

                    Monsieur, parlez plus bas !

DANVILLE, qui l'a suivie des yeux.
(A part.)
Il est là !

HORTENSE.

Si vos gens venaient à vous entendre !

DANVILLE.

Scrupule très-prudent auquel je dois me rendre !
J'ai besoin de repos ; rentrez chez vous... Eh bien !
Vous n'obéissez pas, Hortense.

HORTENSE.

                         Et le moyen,
Quand nous restons fâchés, quand je suis au martyre?

DANVILLE.

Vous voulez demeurer? C'est moi qui me retire.
Adieu.

HORTENSE.

Danville !

DANVILLE.

Eh quoi?

HORTENSE.

Donnez-moi votre main.
Je suis coupable.

DANVILLE, vivement.

Vous !

HORTENSE.

Je le suis, et demain
Je veux faire à vous seul un aveu qui me coûte.

DANVILLE, avec colère.

Lequel? expliquez-vous. Parlez, j'attends, j'écoute...

HORTENSE.

Non, monsieur ; non, demain, demain; dans ce moment
Vous ne pourriez, je crois, l'entendre froidement.

DANVILLE.

A la bonne heure. Adieu.

HORTENSE.

Mais cet adieu me glace ;
Vous ne m'embrassez pas ce soir?

DANVILLE. (Il l'embrasse.)

(A part.)
Oui. Quelle audace !
(Il rentre dans son appartement dont il ferme la porte.)

HORTENSE, qui l'observe, fait un pas vers le cabinet, s'arrête, et dit en sortant :

Il pourra s'échapper !

SCÈNE V.

DANVILLE, revenant vivement sur la scène.

Je suis seul, son erreur
Laisse enfin un champ libre à ma juste fureur !

SCENE VI.

DANVILLE, LE DUC.

DANVILLE, courant ouvrir le cabinet.

(A voix basse.)
Sortez, c'est trop long-tems éviter ma présence.
Venez.

LE DUC.

Que voulez-vous ?

DANVILLE.

Punir votre insolence

LE DUC.

Qui, vous?

DANVILLE.

Moi.

LE DUC.

Mais, monsieur....

DANVILLE.

Quand? dans quel lieu? comment?

LE DUC.

Que votre sang plus froid se calme un seul moment.

DANVILLE.

Ah! ce peu que j'en ai, s'il est glacé par l'âge,
Bouillonne et rajeunit aussitôt qu'on l'outrage.
Vous m'aviez confondu parmi ces vils époux
Qui, de tous méprisés, et bien reçus de tous,
Diffamés par l'affront moins que par le salaire,
Vivent du déshonneur qu'ils souffrent sans colère.

LE DUC.

Pourquoi le supposer, et qui vous le prouvait?

DANVILLE.

Avant de le nier, reprenez ce brevet.

Tenez, prenez-le donc, tenez, je le déchire.
Je ne vous dois plus rien et je puis tout vous dire.

LE DUC.

Du moins si mon amour, follement déclaré,
Offense un titre en vous qui dût m'être sacré,
Votre épouse innocente....

DANVILLE.

A quoi bon cette ruse ?

LE DUC.

Ma voix doit la défendre.

DANVILLE.

Et votre aspect l'accuse.

LE DUC.

Quand c'est moi qui l'atteste, osez-vous en douter?

DANVILLE.

Quand c'est une imposture, osez-vous l'attester?

LE DUC.

Cette lutte entre nous ne saurait être égale.

DANVILLE.

Entre nous votre injure a comblé l'intervalle :
L'agresseur, quel qu'il soit, à combattre forcé,
Redescend par l'offense au rang de l'offensé.

LE DUC.

De quel rang parlez-vous? si mon honneur balance
C'est pour vos cheveux blancs qu'il se fait violence.

DANVILLE.

Vous auriez dû les voir avant de m'outrager.
Vous ne le pouvez plus quand je veux les venger.

LE DUC.

Je serais ridicule et vous seriez victime.

DANVILLE.

Le ridicule cesse où commence le crime,
Et vous le commettrez; c'est votre châtiment.
Ah! vous croyez, messieurs, qu'on peut impunément,
Masquant ses vils desseins d'un air de badinage,
Attenter à la paix, au bonheur d'un ménage.
On se croyait léger, on devient criminel :
La mort d'un honnête homme est un poids éternel.
Ou vainqueur, ou vaincu, moi, ce combat m'honore;
Il vous flétrit vaincu, mais vainqueur plus encore :
Votre honneur y mourra. Je sais trop qu'à Paris
Le monde est sans pitié pour le sort des maris;
Mais dès que leur sang coule, on ne rit plus, on blâme.
Vous ridicule! non, non : vous serez infâme!

LE DUC.

C'en est trop à la fin, et j'ai fait mon devoir :
Ma crainte fut pour vous, j'ai pu la laisser voir ;
Mais contraint de céder, je vais vous satisfaire.
Vous êtes, je l'avoue, un bien digne adversaire.
Ah ! pourquoi votre bras est-il donc aujourd'hui
D'un aussi noble cœur, un aussi faible appui !

DANVILLE.

Ma vengeance par lui ne sera pas trompée.

LE DUC.

Votre heure ?

DANVILLE.

Au point du jour.

LE DUC.

Et votre arme ?

DANVILLE.

L'épée.

LE DUC.

Le lieu ?

DANVILLE.

J'irai vous prendre.

LE DUC.

Adieu, je vous attends.

DANVILLE.

Vous n'aurez pas l'ennui de m'attendre long-tems.

FIN DU QUATRIÈME ACTE.

ACTE CINQUIÈME.

SCENE PREMIERE.

DANVILLE, VALENTIN.

(Ils se regardent quelque tems sans rien dire.)

VALENTIN.

Nous avons fait, monsieur, une belle campagne !

DANVILLE.

Désarmé ! Le malheur en tout lieu m'accompagne.
Ah ! pourquoi de mon fils me suis-je séparé ?
Il m'aurait vengé, lui !

VALENTIN.

Mais....

DANVILLE.

Je le reverrai.

VALENTIN.

Vous battre, vous !

DANVILLE.

Sais-tu que ce discours m'assomme ?

VALENTIN.

Allons, n'en parlons plus.... Ce Duc est un brave homme.

DANVILLE.

Lui !

VALENTIN.

Mais, monsieur....

DANVILLE.

Lui ! traître !

VALENTIN.

Il se bat sans témoin :

C'est un bon procédé.

DANVILLE.

Je reconnais ce soin,

Il pensait à ma femme.

VALENTIN.

En outre, après l'affaire,

Que d'excuses sans nombre il est venu vous faire !
Que de raisonnemens, qui m'ont paru fort beaux !
Son récit m'a touché.

DANVILLE.

Je te dis qu'il est faux.

Mais je n'y croirais pas, non, fût-il véritable.

VALENTIN.

Oh ! pour moi j'y croirais : c'est bien plus agréable.

DANVILLE.

Imbécille ! Va voir si quelqu'un est debout.

VALENTIN.

Je pense qu'à présent on est levé partout.

DANVILLE.

Il est donc tard ?

VALENTIN.

Très-tard. Quoi ! cela vous étonne ?
De Vincenne à l'hôtel d'abord la course est bonne ;
Le combat fut très-court.

DANVILLE, avec impatience.

Ah !

VALENTIN.

Monsieur, j'en convien ,
Il fut court le combat, mais non pas l'entretien.
Le Duc, pour vous calmer....

DANVILLE.

Que fait, que dit ma femme ?

VALENTIN, montrant l'appartement de Danville.

Je venais de chez vous, j'ai rencontré madame

Cette nuit....

DANVILLE.

Eh bien donc ?

VALENTIN.

Il a fallu mentir :
« Le Duc est-il ici ? — Non, il vient de sortir.
—Mais a-t-il vu monsieur ?—Non pas, non, je suppose :
Monsieur était chez lui, déjà même il repose. »
C'était adroit !

DANVILLE.

Après ?

VALENTIN.

En quittant le salon ,
Elle m'a dit bon soir, mais d'un air, mais d'un ton !

DANVILLE.

Ensuite ?

VALENTIN.

Ce matin beaucoup moins agitée ,
Deux fois à votre porte elle s'est présentée.
La première, on a dit : Monsieur n'est pas levé ;
Et ce mot de Dubois me semble bien trouvé.
Monsieur sort à l'instant, voilà pour la seconde ;
Mais la troisième fois que faut-il qu'on réponde ?

DANVILLE.

Que... non, rien !

VALENTIN.

Pensez-vous, monsieur, à déjeûner?

DANVILLE.

Ce misérable-là veut me faire damner !

VALENTIN.

Ne prenez pas en mal ce que je viens de dire ;
C'est l'appétit que j'ai qui pour vous me l'inspire.
Le grand air du matin...

DANVILLE.

On vient, c'est elle, eh ! non.
C'est sa mère. Va, sors.

SCENE II.

DANVILLE, Madame SINCLAIR.

Madame SINCLAIR.

. N'avais-je pas raison,
Quand je vous ai prédit et mille fois pour une,
Qu'ici vous attendaient les honneurs, la fortune ?
Receveur général ! le beau titre ! et je peux
Vous saluer enfin de ce titre pompeux !

DANVILLE.

Ma femme viendra-t-elle ?

Madame SINCLAIR.

Ah ! quel trésor, mon gendre !

DANVILLE.

Oui, j'ai depuis hier des grâces à lui rendre.

Madame SINCLAIR.

Vous m'en devez aussi.

DANVILLE.

Vous aurez votre tour.
Ma femme doit savoir que je suis de retour.
Je veux lui parler seul ; est-elle enfin visible ?

Madame SINCLAIR.

Non, mon cher.

DANVILLE.

Comment non ?

Madame SINCLAIR.

Pour vous seul ? impossible.
Elle n'eût pas reçu, si je l'avais permis ;
Mais non. Sans le savoir que nous avions d'amis !
Pour Hortense, entre nous, je ne puis la comprendre,
Regardant sans rien voir, écoutant sans entendre,

Elle parle au hasard, à peine elle sourit;

Votre bonheur, je crois, lui trouble un peu l'esprit.

Au reste, c'est un bruit! visite sur visite.

Chacun nous fait la cour, chacun nous félicite,

Vous vante, et dit tout haut que de tous les époux,

Passés, présens, futurs, le plus heureux, c'est vous.

DANVILLE.

Quoi! ma femme tient cercle?

Madame SINCLAIR.

　　　　　　　　Et ce qui m'a fait rire,

C'est que le grand salon ne pouvait plus suffire.

DANVILLE.

Ce nouveau contre-tems est aussi trop cruel!

Madame SINCLAIR.

C'en est un véritable : il faut changer d'hôtel.

Demain, pour chercher mieux, je cours toute la ville.

DANVILLE.

Je n'y tiens plus.

SCENE III.

LES PRÉCÉDENS, **BONNARD.**

BONNARD, en dehors.

Danville! où le trouver? Danville!
Danville!

DANVILLE.

Eh! qu'as-tu donc pour crier aussi fort,
Bonnard?

BONNARD.

Ce que j'ai? Dieu!

DANVILLE.

D'où te vient ce transport?

BONNARD.

Ce que j'ai?

DANVILLE.

Voyons, parle.

BONNARD.

Il faut que je t'embrasse.

DANVILLE.

Il ne parlera pas.

BONNARD.

Et ta place, ta place!

Ah! que je suis content!

Madame SINCLAIR, à Danville.

Soyez donc plus joyeux.

DANVILLE.

Mais tous ces bruits sont faux.

BONNARD.

Non, non, j'en crois mes yeux.

Tu ne peux récuser cet oracle suprême,

Le Moniteur, Danville, est la vérité même.

Ah! tu n'es pas nommé? regarde, lis :

DANVILLE.

O ciel!

On n'en doutera plus.

BONNARD.

Parbleu, c'est officiel!

Et d'autant plus heureux que, tremblant pour ma place,

J'oppose ton crédit au coup qui la menace;

Car tous tes beaux sermens, quand on en vient au fait,

Sont, comme tes soupers, de grands mots sans effet.

Mon affaire avec toi prend un tour fort sinistre :

J'ai su qu'on en parlait hier chez le ministre.

DANVILLE.

(A Madame Sinclair.)
Voilà le dernier coup ! comment !

Madame SINCLAIR.

Sans contredit :
Il l'a dit à sa femme, Hortense me l'a dit,
Moi je l'ai dit au bal : le tout pour votre gloire.

DANVILLE.

Exposer un ami !

Madame SINCLAIR.

Non, je ne puis le croire.
Un mot d'Hortense au Duc, et tout est arrangé.

BONNARD, avec joie.
Ah !

DANVILLE.

L'on t'abuse ici sur le crédit que j'ai ;
Je n'en ai pas, Bonnard.

Madame SINCLAIR.

Monsieur, venez me prendre ;
Avec vous chez le Duc c'est moi qui veux descendre.
Tout-à-l'heure en son nom je vais vous présenter.

DANVILLE.

Eh ! madame !

BONNARD.

Mon cher, permets-moi d'accepter.
Répare au moins le mal que tu viens de me faire.

DANVILLE, à part.

Maudit respect humain qui me force à me taire!

BONNARD, à madame Sinclair.

J'ai deux mots à lui dire et vous m'excuserez,
Deux mots, et je vous suis.

Madame SINCLAIR.

Monsieur, quand vous voudrez.

SCENE IV.

DANVILLE, BONNARD.

BONNARD.

Tu sauras, mon ami, que ton bonheur m'enchante!
Je m'en fais une image agréable et touchante;
D'un désir tout nouveau je me sens embràsé,
J'en rêve.... Je t'ai dit qu'on m'avait proposé
Une jeune personne aimable et fort jolie....

DANVILLE.

Et de te marier tu ferais la folie?

BONNARD.

Du ton que tu prends là je suis émerveillé,
N'est-ce pas toi, mon cher, qui me l'as conseillé?

DANVILLE.

Te marier, Bonnard!

BONNARD.

Vois, dans un ministère
Supprime-t-on quelqu'un, c'est un célibataire.
Les pères de famille ont un titre éloquent,
Qui plaide en leur faveur dès qu'un poste est vacant,
Les défend dans leur place; eh bien, je me marie,
Pour me trouver enfin dans leur catégorie.

DANVILLE.

A ton âge!

BONNARD.

De grâce, es-tu moins vieux que moi?

DANVILLE.

Oh! moi, c'est autre chose, entends-tu bien; mais toi,
Je te vois en victime aller au sacrifice,
Tu cours tête baissée au fond du précipice.
Quand tu vas t'y jeter, je dois te retenir.
Hé! sais-tu, malheureux, sais-tu quel avenir
Te punirait un jour d'une telle incartade?

Cette idée, à ton âge, est d'un cerveau malade :
Mon dieu ! qu'un vieux garçon connaît mal son bonheur !
Fuis d'un nœud inégal le charme suborneur.
C'est unir par contrat la raison au délire,
Et l'amour qu'on éprouve au dégoût qu'on inspire.
Prendre une jeune femme à soixante ans passés,
Pour mourir de chagrin, vois-tu, c'en est assez.
Il faut rester garçon, il faut que tu me croies,
Ou l'abîme t'attend, tu te perds, tu te noies,
Tu n'en reviendras pas.

BONNARD.

    Ton effroi me confond :
Et que fais-je, après tout? Ce que bien d'autres font,
Ce que tu fis toi-même.

DANVILLE.

    Oh ! moi, c'est autre chose ;
Mais toi, songe à quel sort un fol hymen t'expose !
Va, le grand mot lâché, ton bonheur t'aura fui,
Tes rêves orgueilleux s'en iront avec lui.
Que devient de tes goûts le flegme sédentaire,
Si ta femme, à vingt ans, n'a pas ton caractère?
Elle ne l'aura pas. Tu seras tourmenté,
Tu seras le jouet de sa frivolité.

Tu chéris au Marais ton pacifique asile,

Et tu suivras ta femme au centre de la ville;

Un vieil ami te reste, et ta femme en rira;

Tu veux dormir, ta femme au bal te conduira;

Ta femme a ton argent, et sa dépense est folle;

Ta femme a ton secret, et ton secret s'envole.

Alors l'humeur, les cris, les pleurs à tous propos,

Et les nuits sans sommeil, et les jours sans repos.

Voilà, voilà ta femme!

BONNARD.

Ah! ça, mais c'est étrange!

Pourquoi voudrais-tu donc, quand la tienne est un ange,

Que la mienne, mon cher, fût un démon? Pourquoi?

DANVILLE.

Oh! moi, c'est autre chose, encore un coup; mais toi!...

Heureux si la traîtresse, à ton amour ravie,

D'un chagrin plus amer n'empoisonne ta vie!

Tu verras malgré toi, du jour au lendemain,

Ce volage trésor s'échapper de ta main.

Tu deviendras jaloux, Bonnard, et quel supplice

Si tu surprends chez elle un amant, un complice!

Enflammé d'un beau feu pour l'honneur de ton nom,

Tu te battras....

BONNARD.

Du tout.

DANVILLE.

Tu te battras.

BONNARD.

                    Eh non !

Tu peux pour ton honneur prendre ainsi fait et cause ;
Mais je dis, à mon tour, que moi c'est autre chose.
Je ne me battrai pas. M'exposer ! un moment.
Un duel pour cela ne m'irait nullement.
Tu me parles d'un ton qui fait que je balance ;
Mais ailleurs notre affaire exige ma présence.
Je me rends sans tarder chez notre protecteur,
J'y cours. Peste ! un duel ! je suis ton serviteur.

SCÈNE V.

DANVILLE. PUIS HORTENSE.

DANVILLE.

Ce vieux Bonnard ! où diable avait-il la cervelle ?

HORTENSE, une lettre à la main.

Dubois, Picard, quelqu'un ! Viendra-t-on quand j'appelle

(Apercevant Danville, et cachant la lettre dans son sein.)

Mon mari !... Pour vous voir j'ai couru ce matin;

Je vous ai cru souffrant, je vous savais chagrin;

J'étais très-inquiète, et l'on m'a rassurée :

Il repose... à l'instant je me suis retirée

Sur la pointe du pied, sans bruit, parlant tout bas;

Vous reposiez encor, mon ami, n'est-ce pas?

DANVILLE.

Sans doute.

HORTENSE, à part.

Il ne sait rie .

DANVILLE.

Et cette confidence

Que vous deviez me faire...

HORTENSE, embarrassée.

Est de peu d'importance...

DANVILLE.

Vous teniez un papier!

HORTENSE.

Qui n'a nul intérêt.

DANVILLE.

Intéressant ou non, quel est-il?

HORTENSE.

Un billet.

DANVILLE.

Vous me le montrerez.

HORTENSE.

C'est un mot que j'envoie.

DANVILLE.

A qui donc?

HORTENSE.

Eh!... qu'importe!

DANVILLE, avec violence.

Il faut que je le voie.

HORTENSE.

Pourquoi? De quel soupçon semblez-vous agité?
Je ne vous vis jamais tant de sévérité.
Indigné contre moi...

DANVILLE.

Je le suis, je dois l'être.
D'étouffer sa fureur mon cœur n'est plus le maître.
Il s'ouvre, il laisse enfin éclater ses transports,
Et leur trop juste excès les répand au dehors.
Je vous aimais, ingrate, et jusqu'à la faiblesse.

Que vous a refusé mon aveugle tendresse?

Ai-je forcé vos vœux? ai-je contraint vos goûts?

Quel innocent plaisir ai-je éloigné de vous?

Suis-je un vieillard morose, un tyran qui vous gêne?

Vous ai-je fait sentir le poids de votre chaîne?

Et vous l'avez rompue, et vous m'avez trahi!

Ah! je vous aimais trop pour n'être point haï;

Mais me rendre à jamais malheureux, ridicule,

Mais me déshonorer!

HORTENSE.

Croyez...

DANVILLE.

Je fus crédule,

Et je ne le suis plus; je sais tout, j'ai surpris

Celui de qui l'affront me condamne au mépris.

J'en ai voulu raison, et j'ai fait peu de compte

D'un vain reste de sang dont je lavais ma honte.

HORTENSE.

Vous, Danville? Ah! d'effroi tout le mien s'est glacé!

DANVILLE.

Ne vous alarmez pas, le duc n'est pas blessé.

HORTENSE.

Ah! monsieur!

DANVILLE.

Il l'emporte, et ma honte me reste ;
Mais que le sort bientôt me soit ou non funeste,
Je ne vous dois plus rien, plus d'amour, de respect ;
Tout me devient permis, lorsque tout m'est suspect ;
Le passé contre vous tient mon âme en défense.
Je veux voir ce billet ; quel qu'il soit, il m'offense.
Vous le rendez coupable en le cachant ainsi ;
Je veux, je veux le voir ; je le veux.

HORTENSE.

Le voici.

DANVILLE.

Il ne saurait m'apprendre un malheur que j'ignore,
Et je tremble... Ah ! je sens que je doutais encore,
(Lisant l'adresse.)
Ciel ! au Duc !

HORTENSE.

A lui-même.

DANVILLE.

Au Duc ! j'avais raison.
Mon cœur m'avertissait de cette trahison.

HORTENSE.

Lisez.

DANVILLE.

Il le faut bien; mais non, mon œil se trouble,
Ne lit rien, ne voit plus, et ma fureur redouble.
Ah! perfide!

HORTENSE.

Donnez.
(Elle lit la lettre.)

« Monsieur le Duc,

« C'est une femme que vous avez offensée qui vous adresse
« ses justes plaintes contre vous-même. J'ai pu vous paraître
« légère, mais je ne pensais pas avoir mérité l'outrage d'un
« aveu que j'ai rougi d'entendre et que j'ai honte de rappe-
« ler. J'aime mon mari, je l'aime de toute mon âme, et
« croyez-moi, monsieur le Duc, je pourrais vous revoir sans
« danger; mais je dois à mon honneur blessé autant qu'à la
« tranquillité de monsieur Danville, de vous interdire désor-
« mais sa maison. En cessant de m'accorder votre attention
« dans le monde, vous me prouverez que vous me croyez
« digne de votre estime et que vous méritez encore la mienne.»

DANVILLE, reprenant la lettre.

Est-il vrai? Qu'ai-je lu?

HORTENSE.

De grâce, écoutez-moi, Danville, j'ai voulu,
Craignant de vos transports la juste violence,
D'un rival à vos yeux dérober la présence.

J'amenai le péril en pensant l'éloigner,

Et j'exposai vos jours, que je crus épargner,

Vos jours qui sont les miens!... Mais, tremblante, éperdue,

La terreur m'égarait, et fut seule entendue.

Au moment de me vaincre et de tout déclarer,

Je sentis mon aveu dans ma bouche expirer;

Et même ce matin, décidée à me taire,

Sauvons, m'étais-je dit, sauvons par ce mystère

Un chagrin à Danville, et faisons mon devoir,

En défendant au Duc de jamais me revoir.

Je n'ai rien déguisé, je ne veux rien défendre;

Mais consultez ce cœur qui pour moi fut si tendre;

Qu'il me juge, il le peut, j'ai parlé sans détours.

DANVILLE.

Est-il vrai?... cette lettre... oui, le Duc... ses discours,

Pour vous justifier, s'offrent à ma mémoire...

HORTENSE, avec tendresse.

Ou vous ne m'aimez plus, ou vous devez me croire.

DANVILLE.

Ah! je vous aime encore, et ma crédulité

Prouve à quel fol excès cet amour est porté.

Ce que le Duc m'a dit me semblait impossible,

Et prend d'un mot de vous une force invincible.

Mon trop facile cœur s'élance malgré moi

Au devant de l'appât qu'on présente à sa foi,

Et, fût-il abusé, se trahissant lui-même,

Il ne se débat point contre une erreur qu'il aime.

Je ne puis démentir une si douce voix,

Je me rends; vous parlez, Hortense, et je vous crois.

HORTENSE.

Que cette confiance et me touche et m'accable !

Je veux la mériter, je serais trop coupable

Si dans votre bonheur vous n'en trouviez le prix.

Eh bien, soyez heureux, partons, quittons Paris.

Il le faut; d'aujourd'hui je conçois vos alarmes.

Dans ce monde enchanteur le piége a trop de charmes.

Plus loin que je ne veux peut-être je suivrai

Ce brillant tourbillon qui m'entraîne à son gré.

Il exalte ma tête, il m'étourdit, m'enivre;

Je ne vois, n'entends plus, je ne me sens pas vivre.

Je crois fuir les périls; mais j'ai beau les prévoir,

Mes projets du matin ne sont plus ceux du soir.

Le plaisir règne alors, je cède, il me maîtrise,

Et ma raison revient quand la faute est commise.

Danville, emmenez-moi, mon ami, mon époux,

Je ne crains rien, je n'aime et n'aimerai que vous;

Et par moi cependant la paix vous fut ravie !
Emparez-vous donc seul de mon cœur, de ma vie.
Mais, partons, mon esprit est changeant, incertain ;
Je le veux aujourd'hui, le voudrai-je demain !
Emmenez-moi ; partons.

DANVILLE.

Tu finis mon supplice.
Que je te sais bon gré d'un si grand sacrifice !
Que je t'en remercie !...

SCENE VI.

LES PRÉCÉDENS, VALENTIN.

DANVILLE, à Valentin qui traverse le salon.

Ah ! viens, approche, accours,
Pour le Hâvre, mon vieux, nous partons dans trois jours.

VALENTIN.

Pour le Hâvre !

DANVILLE.

Oui , vraiment.

VALENTIN.

Excusez, mais la joie..
Est-ce bien sûr, madame ?

DANVILLE.

Allons; pour qu'il me croie
Il faudra que le fait soit par vous attesté.

HORTENSE, à Valentin.

Quand monsieur vous l'a dit.

VALENTIN.

Je n'en ai pas douté;
Mais je suis marié, que voulez-vous, madame?
Je ne me crois jamais sans consulter ma femme.

HORTENSE.

Bon principe!

SCENE VII.

LES PRÉCÉDENS, BONNARD et Madame SINCLAIR.

BONNARD.

Mon cher, on m'a fait un accueil
Qui doit toucher ton cœur et flatter ton orgueil.
Le Duc à tous mes vœux promet de satisfaire,
En ajoutant, pour toi, que sur certaine affaire
Qui t'inspire, dit-il, un très-vif intérèt,
Il jure de garder le plus profond secret.

Madame SINCLAIR.

Mais moi, ce qu'il m'apprend me chagrine et m'étonne :
Vous refusez, monsieur, la place qu'on vous donne?

HORTENSE.

Ma mère, il a raison.

DANVILLE.

Et Bonnard doit sentir
Que mon fils sans délai nous force à repartir.

Madame SINCLAIR, étonnée.

(A Hortense.)   (A Danville.)
J'admire ta sagesse! est-on plus raisonnable?

DANVILLE.

Aussi je lui rendrai notre terre agréable :
Quelques petits concerts, deux bals dans la saison,
(A Valentin.)
Tout sera pour le mieux; qu'en dis-tu mon garçon?
Et comment trouves-tu nos châteaux en Espagne?

VALENTIN.

(A part.)
Superbes. Nous aurons Paris à la campagne.

DANVILLE.

Et mon ami Bonnard, s'il obtient un congé,

Arrive avec sa femme...

HORTENSE, à Bonnard.

Eh! quoi...

BONNARD, à Danville.

Bien obligé.

De tes réflexions j'ai la tête remplie;

Epouser aussi tard femme jeune et jolie,

Cela peut réussir, mais ce n'est pas commun.

Tu fus heureux, d'accord; sur mille on en trouve un.

Quand je touche, Danville, au terme du voyage,

Dans un chemin douteux tu veux que je m'engage?

Ou d'autres ont glissé, je puis faire un faux pas,

Et ton ami Bonnard ne se mariera pas.

FIN DU CINQUIÈME ET DERNIER ACTE.

NOTE.

J'ai trouvé dans la plupart des journaux, qui ont rendu compte de ma comédie, une disposition favorable et un désir de me voir bien faire, dont je ne puis leur témoigner ma reconnaissance qu'en faisant mieux. D'après leurs avis, mon ouvrage a subi quelques modifications. Avant qu'il ne fût joué, les conseils de mes amis m'avaient déjà fait retrancher quelques passages ; je n'en regrette qu'un seul, que je rétablis ici, parce qu'il me semble tenir essentiellement au sujet.

Ces vers faisaient partie du rôle de Danville au cinquième acte.

ÉCOUTE-MOI, Paris a pour toi mille appas :
Je n'en parlerai point en vieillard qui les fronde,
En mari sermoneur, mais en homme du monde,
En ami ; ce séjour, dont l'éclat t'aveuglait,
A la coquetterie ouvre un champ qui lui plaît.

C'est en voulant régner que l'on s'y donne un maître :

On fait plus d'un esclave, et l'on finit par l'être.

Ce nœud formé dans l'ombre échappe rarement

Au scandale public, son dernier châtiment;

Et fût-il ignoré, va, le bonheur qu'il donne

Cède au chagrin secret qui toujours l'empoisonne.

Un amant sans espoir est tendre et séduisant;

Mais dès qu'il est vainqueur son joug devient pesant.

Il venge tôt ou tard l'époux qu'il déshonore.

Celle qu'il a soumise en cédant lutte encore :

Ces combats, ces terreurs, cet éternel besoin

De cacher son penchant, d'écarter un témoin,

L'arrache par degrés aux soins de sa famille;

Elle évite sa mère, elle éloigne sa fille.

Son bonheur domestique est à jamais détruit;

Le remords l'accompagne et la honte la suit;

Elle rougit au nom de la femme infidèle

Qu'un cercle indifférent immole devant elle.

Ainsi trompant toujours sans pouvoir se tromper,

En vain à son mépris elle veut échapper,

Dans le monde ou chez elle en vain cherche un refuge,

Et seule avec soi-même elle est avec son juge....

Tu crains peu ce malheur; mais pourquoi l'affronter?

Hortense, épargne-toi le soin de résister.

Plus un cœur est honnète, et moins il prend d'alarme;
S'il brave en se jouant un piége qui le charme,
Il en voit les périls quand il vient d'y tomber:
Qui s'expose toujours doit enfin succomber.

FIN.

9 782329 277059